Dieter Buck
Malerische Städteziele
Oberschwaben –
Bodensee – Allgäu

Dieter Buck

Malerische Städteziele Oberschwaben – Bodensee – Allgäu

- Bummeln
- Entdecken
- Erleben

Silberburg-Verlag

Umschlagfoto: Titel: Bad Waldsee
Foto Seite 1: Puttenreiches Oberschwaben.
Foto Seite 2/3: Blick ins Zentrum von Biberach mit dem markanten Weißen Turm.

Dieter Buck
1953 geboren, verfasst der Stuttgarter seit vielen Jahren Wandervorschläge, Tipps für Radtouren und Reisebeschreibungen für verschiedene Zeitungen und Magazine im In- und Ausland. Außerdem veröffentlichte er zahlreiche Bücher: Wander-, Radwander- und Reiseführer und ist Redaktionsleiter von »Schwaben Alpin«. Dieter Bucks Themengebiete sind Süddeutschland, insbesondere Baden-Württemberg und das Allgäu, sowie der deutsche und österreichische Alpenraum.

1. Auflage 2012

Umschlaggestaltung: Anette Wenzel, Tübingen,
unter Verwendung einer Fotografie von Dieter Buck.
Alle Bilder im Innenteil: Dieter Buck, Stuttgart.
Lektorat: Werner Brenner, Rottenburg am Neckar.
Layout und Satz: textdesign, Martin Fischer, Tübingen.
Druck: Grammlich, Pliezhausen.
Printed in Germany.
Gedruckt auf zertifiziertem Papier:
Förderung nachhaltiger Waldbewirtschaftung –
nähere Informationen unter: www.pefc.org

PEFC
PEFC/04-31-0878

ISBN 978-3-8425-1206-1

Dieter Buck

Malerische Städteziele Oberschwaben – Bodensee – Allgäu

- Bummeln
- Entdecken
- Erleben

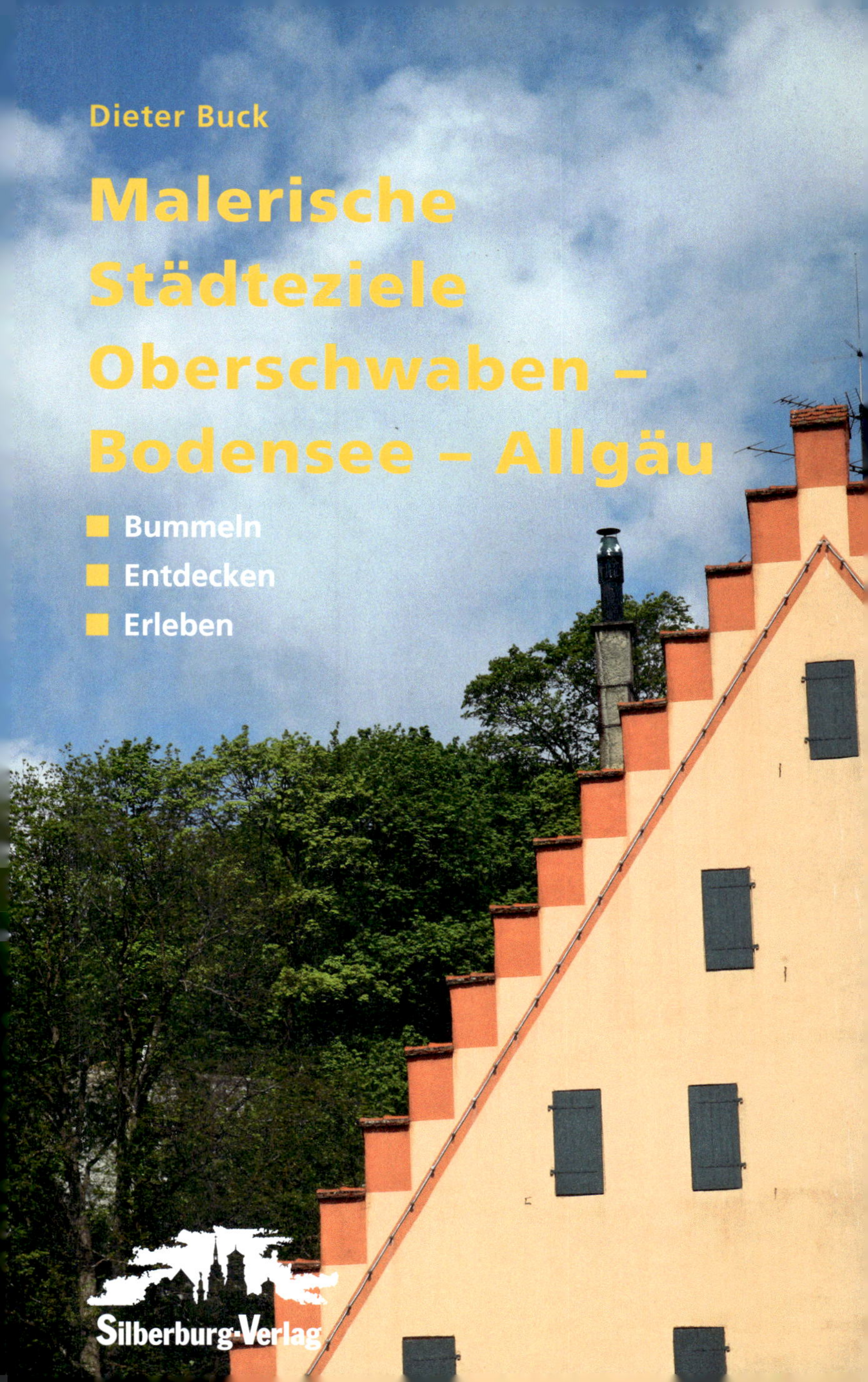

Silberburg-Verlag

Umschlagfoto: Titel: Bad Waldsee
Foto Seite 1: Puttenreiches Oberschwaben.
Foto Seite 2/3: Blick ins Zentrum von Biberach mit dem markanten Weißen Turm.

Dieter Buck
1953 geboren, verfasst der Stuttgarter seit vielen Jahren Wandervorschläge, Tipps für Radtouren und Reisebeschreibungen für verschiedene Zeitungen und Magazine im In- und Ausland. Außerdem veröffentlichte er zahlreiche Bücher: Wander-, Radwander- und Reiseführer und ist Redaktionsleiter von »Schwaben Alpin«. Dieter Bucks Themengebiete sind Süddeutschland, insbesondere Baden-Württemberg und das Allgäu, sowie der deutsche und österreichische Alpenraum.

Alle Wegbeschreibungen erfolgen nach bestem Wissen und Gewissen.
Autor und Verlag können jedoch keine Haftung übernehmen,
auch nicht bei etwaigen Unfällen.
Die Benützung des Buches geschieht auf eigenes Risiko.

1. Auflage 2012

Umschlaggestaltung: Anette Wenzel, Tübingen,
unter Verwendung einer Fotografie von Dieter Buck.
Alle Bilder im Innenteil: Dieter Buck, Stuttgart.
Lektorat: Werner Brenner, Rottenburg am Neckar.
Layout und Satz: textdesign, Martin Fischer, Tübingen.
Druck: Grammlich, Pliezhausen.
Printed in Germany.
Gedruckt auf zertifiziertem Papier:
Förderung nachhaltiger Waldbewirtschaftung –
nähere Informationen unter: www.pefc.org

PEFC
PEFC/04-31-0878

ISBN 978-3-8425-1206-1

Inhalt

Vorwort

Schmucker Erker in Stein am Rhein.

Liebe Leserinnen und Leser,

der südliche Teil Baden-Württembergs ist reich an sehenswerten Stadtlandschaften. Man findet ehemals stolze Reichsstädte und prachtvolle Residenzen, in denen die Herrscher alles aufboten, was in der Kunst Rang und Namen hatte. Aber auch kleinere, bürgerliche Städte geizen nicht mit sehenswerten Baulichkeiten – seien es nun Fachwerkbauten, seien es beispielsweise schmucke Gebäude aus dem Barock oder interessante Kirchen – und haben somit ihren Reiz.

In diesem Buch findet man Stadtbeschreibungen im ehemals badischen sowie im württembergischen Landesteil, am Bodensee, in Oberschwaben und im württembergischen Allgäu. Am Bodensee wurden Bregenz auf der österreichischen und Sankt Gallen sowie Stein am Rhein auf der Schweizer Seite dazugenommen. Im württembergischen Allgäu und am Bodensee sind auch die sehenswerten bayerischen Städte beschrieben, die in der Nähe der baden-württembergischen Landesgrenze liegen. Sie zählen schließlich auch zu den Zielen, die den Ausflügler reizen.

Jede dieser alten Städte weist einen sehenswerten Baubestand an Fachwerkhäusern und anderen historischen Gebäuden, Kirchen, Kapellen, teilweise Schlösser, Burgen und Parklandschaften auf. Viele der Städte und Orte sind in Form eines Rundgangs beschrieben, so dass man problemlos alles Sehenswerte erreicht. Auch die Museen wurden angeführt. So eignet sich das Buch bestens als Unterlage, Lesestoff und Führer für Stadtbesichtigungen.

Viel Spaß in den interessanten Städten und Orten und zahlreiche angenehme und anregende Begegnungen wünscht Ihnen

Dieter Buck

Stück der Stadtmauer blieb erhalten

Bad Saulgau

■ **Auskunft**

Tourist-Information, Lindenstraße 7, 88348 Bad Saulgau, Telefon (0 75 81) 20 09-15, Fax 20 09-29, www.bad-saulgau.de, E-Mail: willkommen@t-b-g.de

■ **Besichtigung**

Am alten Marktplatz steht außer prachtvollen **Fachwerkhäusern** die hochgotische **Stadtpfarrkirche Sankt Johannes Baptist.** Die Basilika wurde 1170 in der Romanik erbaut und zwischen 1390 und 1402 gotisch erweitert. 1985 erhielt sie eine moderne Ausstattung, u. a. mit dem Bild »Geißelung« von Otto Dix. Sehenswert sind eine gotische Muttergottes (um 1510) und ein vielleicht aus der Werkstatt des Michael Hagenauer stammender spätbarocker heiliger Joseph.

Die 1763 und zuletzt 1920 erneuerte **Antoniuskirche** ist an das Franziskanerkloster (um 1650) angebaut. Sie besitzt eine fein stuckierte Decke, spätbarocke Wandgemälde, ein spätgotisches Vesperbild und einen Vesperchristus von etwa 1700. Im 1665 erbauten und

Bei einem Rundgang in Bad Saulgau kann man zahlreiche Fachwerkhäuser bewundern.

1810 säkularisierten **Alten Kloster** der Franziskaner sind Kultureinrichtungen untergebracht. Es besitzt noch seinen Kreuzgang.

Das durch Fachwerk geprägte **Haus am Markt** stammt von etwa 1400, das **Ecklädele** wurde um 1581 erbaut. Der **Röhrbrunnen** ist mit dem roten Löwen, dem Saulgauer Wappentier, geschmückt. Bei einem Rundgang sieht man weitere schöne **Fachwerkhäuser,** z. B. in der Kreuzgasse. Vor Haus Nr. 2 steht eine Kopie einer **Bronzestatue von Maria Theresia** (Franz Xaver Messerschmidt, 1736–1783), die daran erinnert, dass Saulgau von 1299 bis 1806 österreichisch war.

Das **Katzentürmle,** Fuchsgasse, ist der einzige noch vorhandene Turm der Stadtbefestigung und steht auf Resten der Stadtmauer. Es diente früher als Karzer. Das **Rathaus** (Oberamtshof) ging aus einem Franziskanerinnenkloster hervor. Es entwickelte sich aus einem Beginenhaus (um 1390), das 1782 vom reformfreudigen Kaiser Joseph II. aufgelöst wurde. Aus dem **Sießener Haus,** Bogengasse 15, ging das Kloster Sießen hervor. 1251 übernahm das Nonnenkloster das älteste urkundlich genannte Bürgerhaus der Stadt. 1260 zogen sechs Dominikanerinnen von hier aus nach Sießen. Der **Gasthof Spitaltor** ging aus dem Stadtspital hervor. Vor dem ehemaligen **Gasthaus Zum Raben,** einem schmucken Fachwerkhaus, steht der **Narrenbrunnen.**

Maibaum auf dem Saulgauer Marktplatz.

Die Stadtmauer mit ihren Wehrtürmen ist noch teilweise erhalten.

Das **Buchauer Amtshaus,** Pfarrstraße, entstand vielleicht bereits vor der Stadtgründung und erhielt zwischen 1408 und 1468 sein heutiges Aussehen. Es besitzt auffallend hohe Torbogen und Lauben im Untergeschoss. Der **Luegebrunnen** (1986), Hauptstraße, zeigt vier männliche Bronzefiguren. Das **Torwärterhaus** ist mit Malereien verziert. Die **evangelische Kreuz-** oder **Schwedenkapelle** (um 1450) war im Mittelalter eine Wallfahrtsstätte. Sie besitzt ein romanisches Großkreuz (Stauferchristus, um 1170) und Holzschnitte von HAP Grieshaber.

Museen

Städtische Galerie »Die Fähre«, Marktplatz 3, Telefon (0 75 81) 2 07-1 60

Stadtmuseum, Schleifergasse, Telefon (0 75 81) 2 07-1 60

Kloster mit prachtvoller Bibliothek

Bad Schussenried

Auskunft

Tourist-Information, Wilhelm-Schussen-Straße 36, 88427 Bad Schussenried, Telefon (0 75 83) 94 01-71, Fax 47 47, www.bad-schussenried.de, E-Mail: info@touristinfo-bs.de

Besichtigung

Das **Prämonstratenserkloster** wurde 1183 gegründet und 1803 säkularisiert. Der schönste Raum der von Dominikus Zimmermann Mitte der 18. Jh. geplanten und nie vollendeten Klosteranlage ist der Bibliothekssaal im Konventbau. Hier findet man außer dem Deckenfresko von Franz Georg Hermann prächtige Malereien, Skulpturen und Stuckaturen. Besonders interessant ist die Darstellung des »fliegenden Chorherrn« Caspar Mohr, der Anfang des 17. Jh. als eine Art Universalgenie hier lebte und ein Fluggerät erfand.

Das Langhaus der **katholischen Pfarrkirche Sankt Magnus,** der einstigen Klosterkirche, wurde um 1185 als dreischiffige spätromani-

Im Gegensatz zu ihrem schlichten Äußeren ist die Schussenrieder Pfarrkirche Sankt Magnus innen prächtig ausgestattet.

Fachwerkhaus im Kreisfreilichtmuseum Kürnbach.

sche Pfeilerbasilika erbaut, der Chor Ende des 15. Jh. Johannes Zick, von dem auch das große Fresko im Langhaus stammt, barockisierte sie Mitte des 18. Jh. Die Kirche besitzt ein geschnitztes Chorgestühl von Georg Anton Machein (1717) aus Überlingen mit Tier- und Pflanzendarstellungen, der Laster und der Dämonen sowie Heiligenstatuen. Auf der Rückwand sind biblische Gestalten zu sehen.

Die reich verzierte Kanzel stammt von Joachim Früholz. Der mit Bildern und Monumentalskulpturen geschmückte Hochaltar stammt von Judas Thaddäus Sichelbein. Sehenswert sind auch die Seitenaltäre und die oberschwäbische Marienfigur (15. Jh.), die eventuell von Hans Strigel d. Ä. stammt. Auch in der Vorhalle stehen mit einem gotischen Schnitzbild und einer Christophorusdarstellung bemerkenswerte Kunstwerke. Die spätbarocke **Pfarrkirche Sankt Oswald** wurde 1777 bis 1779 erbaut.

Weitere Sehenswürdigkeiten

Die **Schussenquelle** ist als Naturdenkmal ausgewiesen. Der in dieser Form wohl einmalige Quelltrichter liegt am nördlichsten Punkt der Endmoräne des Rheingletschers. Die Endmoräne bildet hier die europäische Hauptwasserscheide zwischen Donau und Rhein.

Das **Kreisfreilichtmuseum Kürnbach** wurde ab 1969 rund um das 1664 erbaute Kürnbachhaus geschaffen. 32 Häuser aus verschiedenen Orten zwischen der Schwäbischen Alb und der Iller sind hier zu besichtigen. Besonders sehenswert sind die vier »altoberschwäbischen« Bauernhäuser, strohgedeckte Eindachhäuser, die einen Rauchabzug durch das Dach, Wände aus Holzbohlen, eine Tenne in der Hausmitte und einen von durchgehenden Säulen oder gekreuzten Hölzern getragenen Dachfirst besitzen. Die Wohnsituation der dörflichen Unterschicht zeigt das 1758 erbaute Hirtenhaus.

Man sieht mehr als 20 alte Werkstätten, Zehntscheuer, Backhaus, Schmiede, Ziegelhütte, Bienenhaus, Straßenwärterhaus, Schnapsbrennerei, Spritzenhaus und Turm-Umspannstation, Rathaus, Waaghaus sowie ein Tanzhaus und viele alte Schlepper. Eine umfangreiche Sammlung oberschwäbischer Trachten, die Spielzeugsammlung Charlotte Schutz, die Eligiuskapelle und zwei Bauerngärten mit weit über 200 heimischen Apfel-, Birnen- und Zwetschgensorten runden das Angebot ab. Für kleine und große Eisenbahnfreunde fährt an bestimmten Tagen eine Mini-Dampfbahn.

Museen

Klostermuseum, Klosterhof 7, Telefon (0 75 83) 22 40 (Pfarramt)

Kutschensammlung, Biberacher Straße 35, Telefon (0 75 83) 39 61

Neues Kloster, Neues Kloster 1, Telefon (0 75 83) 92 69-1 40

Schussenrieder Bierkrugmuseum, Wilhelm-Schussen-Straße 12, Telefon (0 75 83) 4 04-11

Bad Schussenried-Kürnbach, Oberschwäbisches Museumsdorf Kürnbach, Griesweg 30, Telefon (0 75 83) 94 20 50

Bad Schussenried-Steinhausen, Wallfahrtsmuseum in der Alten Schmiede, gegenüber Wallfahrtskirche, Telefon (0 75 83) 27 13 und 94 01 71

Von Seen umgebenes Städtchen

Bad Waldsee

Auskunft

Kur & Touristik, Ravensburger Straße 3, 88339 Bad Waldsee, Telefon (0 75 24) 94-13 42, Fax 94-13 45, www.bad-waldsee.de, E-Mail: info@bad-waldsee.de

Besichtigung

Der Stadtrundgang beginnt am Parkplatz Bleiche an der Bleichestraße. Wir gehen kurz nach Norden, vorbei am Zunfthaus zur Ölmühle und zum Schloss. Das Mitte des 16. Jh. errichtete **Schloss Waldsee** ging aus einem Wasserschloss hervor und erhielt 1745 sein heutiges barockes Aussehen. Hier wurde 1488 Georg III. von Waldburg, der so genannte Bauernjörg, geboren. Der dahinter liegende **Schlosssee** ist gut 5 ha groß und bis 6 m tief. Vom Park aus kann man nach Süden zur Steinacher Straße und weiter auf einen Pfad mit Kreuzwegstationen hinauf zur **Frauenbergkapelle** (1471) an der Straße nach Ravensburg gehen. Deren Altäre stammen von der Zürn-Familie. Ansonsten biegen wir am Schloss rechts ab auf den Gut-Betha-Platz. Der **Gut-Betha-Brunnen** (1911) zwischen Stiftskirche und Franziskanerinnenkloster erinnert an die 1386 geborene Elisabeth Achler, die 1766 seliggesprochen wurde. In der Wallfahrtskirche im nahen Reute wird im Sockel des Gut-Betha-Altars ihr gläserner Sarg aufbewahrt.

Dahinter steht die 1712 barockisierte **Stiftskirche** mit den Doppeltürmen (1766). An der Barockisierung war auch Dominikus Zimmermann beteiligt. Von ihm und seiner Werkstatt stammen der Hochaltar, das Chorgestühl, der Sakristeischrank und wohl auch der Maria-Hilf-Altar. Das Abendmahlfresko in der Sakristei schuf sein Bruder Johann Baptist Zimmermann. Die Marienkrönung im Hochaltar hat der Waldseer Bildhauer Jakob Bendel geschaffen. Vom einheimischen Bildhauer Johann Georg Reusch sind die Figuren am Josefsaltar und am Rosenkranzaltar sowie die Kreuzigungsgruppe in der Beichtkapelle. Am Ende des linken Seitenschiffs sieht man die aus Bronze und Messing geschaffene Grabmalplatte Georgs I. von Waldburg, auch »der eiserne Mann« genannt (um 1480). Das **Oratorium Sankt Peter** war bis zur Aufhebung des Augustinerstifts 1788 Winterchor und Oratorium der Chorherren. Es besitzt eine spätbarocke Stuckdecke. Heute ist hier der Kirchenschatz aufbewahrt.

Gegenüber steht die frühere **Landschule,** die von etwa 1150 bis

Blick über den See zu den markanten Doppeltürmen der Bad Waldseer Stiftskirche.

1788 als Wohn- und Bibliothekstrakt des Augustinerchorherrenstifts diente, danach als Kaserne, dann als Schule. Das **katholische Pfarramt** war bis 1782 ein Franziskanerinnenkloster, das bereits im 14. Jh. genannt wurde. Das **Franziskanerkloster** (1650) diente bis 1806, als die Stadt an Württemberg kam, als Kloster. Danach war es Fruchtschütte, ab 1855 Oberamt.

Nun folgen wir der Hauptstraße weiter durch das Zentrum mit seinen beeindruckend hohen Häusern. Nach links kann man immer wieder zum Stadtsee gelangen. Im 1348 erwähnten **Kornhaus** wurde jahrhundertelang Getreide aufbewahrt. Der gotische Staffelgiebel stammt von 1492. Bis nach dem Ersten Weltkrieg diente das Haus als Fruchtschütte. Die **Apotheke** wurde 1748 als Prälatur für den Abt und die Klosterverwaltung erbaut. Unter dem Giebeldreieck sieht man das Relief des Klosterpatrons Sankt Peter. Das spätgotische **Rathaus** wurde 1426 errichtet. Es besitzt einen markanten, in der Gegend seltenen Staffelgiebel. Etwas später folgt links das beeindruckende **Heilig-Geist-Spital.** Eine Spitalkirche wurde um 1300 genannt. Die neugotische Schaufassade mit dem

Grabmalplatte Georgs I. von Waldburg in der Stiftskirche.

Staffelgiebel und dem Glockentürmchen stammt von 1856.

Die Hauptstraße zieht nun nach rechts zur Wurzacher Straße. Nach links kommt man zum **Wurzacher Tor** mit der Rundbogendurchfahrt und Treppengiebeln. Es geht auf die Stadtmauer-Erweiterung nach 1400 zurück. Wir gehen zurück zur Straße Am Ravensburger Tor und folgen der Ravensburger Straße. Hier nehmen wir eines der links abgehenden Gässchen, das uns zurück zur Bleichestraße und zum Parkplatz bringt.

Weitere Sehenswürdigkeiten

Der runde **Vötschenturm** der inneren Stadtmauer geht auf 1403 zurück und ist nach der Familie Vötsch benannt, aus der im 15. und 16. Jh. Stadtamtmänner und Bürgermeister hervorgingen. Das 1561 erwähnte **Mayenbad** wurde 1712 als wissenschaftlich begründetes Heilbad bezeichnet. Der Badebetrieb endete Anfang des 20. Jh. Die **Friedhofkapelle** (1696) besitzt einen dreiseitigen Chor und ist mit Skulpturen (1730) des Waldseer Bildhauers Johann Georg Reusch geschmückt.

Museen

Museum im Kornhaus Bad Waldsee, Rathausplatz, Telefon (0 75 24) 94-13 20

Oratorium Sankt Peter, Klosterhof 1, Telefon (0 75 24) 99 09-10

Ausgedehntes Moor am Ortsrand

Bad Wurzach

Auskunft

Kurverwaltung Bad Wurzach, Mühltorstraße 1, 88410 Bad Wurzach, Telefon (0 75 64) 3 02-1 50, Fax 3 02-1 54, www.bad-wurzach.de, E-Mail: info@bad-wurzach.de

Besichtigung

Der schönste Teil des dreiflügeligen **Schlosses** ist das barocke Treppenhaus (1723–1728) mit seiner elegant geschwungenen Treppe und dem prachtvollen Deckenfresko. An den Plänen wirkte wohl der spätere Baumeister des Deutschen Ordens Johann Caspar Bagnato mit. Sehenswert in der **Schlosskapelle** ist das Sandsteingrabmal für Truchsess Georg I. († 1467).

Die prunkvolle Hauskapelle im **Kloster Maria Rosengarten** entstand 1763 im Rokoko. Im Kloster wurden 1936 die ersten

Das dreiflügelige Barockschloss in Bad Wurzach.

Im Leprosenhaus findet sich das Sepp-Mahler-Museum.

Moorbäder verabreicht. Mit ihrer Turmfassade beherrscht die frühklassizistische **Pfarrkirche Sankt Verena** (1775–1777) das Stadtbild. Sie ist mit Fresken geschmückt; das Fresko an der Decke des Langhauses stammt von dem Langenargener Maler Andreas Brugger. Der Hochaltar wurde von Franz Xaver Feuchtmayer d. J. geschaffen.

Weitere Sehenswürdigkeiten

Die barocke **Wallfahrtskirche »Zum Heiligen Kreuz«** auf dem Gottesberg wurde 1709 erbaut. In einer Seitenkapelle wird seit dem 18. Jh. die Heilig-Blut-Reliquie aufbewahrt. Bei dem am zweiten Freitag im Juli stattfindenden Heilig-Blut-Fest gibt es die zweitgrößte Reiterprozession Mitteleuropas, zu der alljährlich rund 15 000 Wallfahrer kommen. Von hier aus hat man einen Blick zu den Alpen. Im **Leprosenhaus / Siechenhaus** auf dem »Siechenberg« wurde der Maler Sepp Mahler geboren.

Museen

Oberschwäbisches Torfmuseum und Torfbahn, Dr.-Harry-Wiegand-Straße 4/1, Telefon (0 75 64) 31 67

Sepp-Mahler-Museum im Leprosenhaus, Leprosenberg 1, Telefon (0 75 64) 36 26

Reichsstadt mit simultaner Tradition

Biberach an der Riß

Auskunft

Tourismus & Stadtmarketing, Theaterstraße 6, 88400 Biberach an der Riß, Telefon (0 73 51) 51-1 65, Fax 51-5 11, www.biberach-riss.de, E-Mail: tourismus@biberach-riss.de

Aus der Geschichte

Biberach wurde erstmals 1083 als Besitz der Herren von Bibra genannt und war ab etwa 1400 reichsunmittelbar. Maßgeblich für den rasanten Aufstieg vor dem Dreißigjährigen Krieg war die führende Stellung in der Weberei und Barchentherstellung. Nach 1649 wurden alle städtischen Ämter paritätisch von beiden Konfessionen besetzt. 1802 gelangte die Stadt kurzfristig an Baden, 1806 an Württemberg.

Besichtigung

Der Rundgang beginnt bei der Stadthalle, wo man parken kann. Nun folgen wir der Theaterstraße zum Holzmarkt. Links steht der gotische **Salzstadel** (1513), ein mächtiges Gebäude mit Staffelgiebel und mit Aufzugsläden in der Mittelachse. Weiter finden wir das barocke **Dinglinger-Haus.** Das **Strölin-Haus** ist ein vornehmes Patrizierhaus mit Renaissance- und Barockelementen.

Der Weiße Turm, ein Abwehr- und Wachturm, wurde 1484 vollendet.

Die **Gred** (Mitte 15. Jh.) am Marktplatz ist ein als städtisches Kaufhaus errichteter dreigeschossiger Fachwerkbau. Er wurde 1593 erweitert. Heute sind hier Stadtbücherei und Wielandmuseum untergebracht. Die **Stadteich** (1484), Marktplatz 43-47, ist ein Massivgebäude mit Staffelgiebel und einer aus Blendnischen bestehenden Wandgliederung. Das Haus wurde im 19. Jh. neugotisch umgestaltet. Links oben sehen wir den 41 m hohen **Weißen Turm,** einen 1484 nach acht Jahren Bauzeit vollendeten Abwehr- und Wachturm. Bis 1978 sah man noch Spuren einer Beschießung im Dreißigjährigen Krieg.

Etwas später folgt der 39 m hohe **Gigelturm,** der vermutlich im 14. Jh. als Wehr- und Warteturm erbaut und 1788 umgebaut wurde. In ihm befand sich auch eine Wohnung für den »Gigelmann« genannten Türmer, der bei Feuer und Unwetter die Sturmglocke läuten musste. Der über der Altstadt liegende Gigelberg ist eine Parkanlage mit alten Bäumen. Hier findet man die hölzerne Gigelberghalle von 1895, die wie die Alte Stadtbierhalle auf dem auf Initiative von Friedrich Goll angelegten Gelände erbaut wurde. Heute findet man hier einen Naturkundepfad und während des Schützenfestes im Juni den Festplatz mit Vergnügungspark.

Kurz darauf biegen wir links ab in die Engelgasse, die uns zum Fachwerkensemble **Weberberg** bringt. Hier sehen wir eine der letzten mittelalterlichen Zunftsiedlungen Deutschlands, in der einst die für Biberach wichtigen Weber wohnten. Sie betrieben das bedeutendste Gewerbe der alten Reichsstadt. Um 1500 gab es über 400 Webstühle in Biberach; etwa ein Viertel der Einwohner bestritt seinen Unterhalt mit der Weberei. Vor allem für die Herstellung von Barchent, einer Mischung aus Baumwolle und Leinen, waren die Biberacher bekannt. Ihr verdankte die Stadt vor dem Dreißigjährigen Krieg ihren Wohlstand. Aus Barchent wurden insbesondere Bettwäsche, Matratzenstoff und Handtücher, Kittel, Hosen, Röcke und Blusen geschneidert. Heute lebt und arbeitet hier die Biberacher kreative Szene mit Künstlern, Kunsthandwerkern, Schriftstellern oder Architekten.

Nun kommen wir auf den Marktplatz, der von sehenswerten Bürgerhäusern umgeben ist. Mittwochs und samstags findet hier Wochenmarkt statt. Markant sind die beiden im 16. Jh. erbauten Häuser **Marktplatz 3** und **5** vor der Kirche. In Haus 5 befand sich eine Geschlechter-Trinkstube. Links steht das **Haus am Kleeblatt** (1362/63). Dieses Patrizierhaus ist das größte Haus am Marktplatz und wurde ab 1454 vom Baumwoll- und Barchenthändler Martin Weißhaupt genutzt. 1491 war es Sitz der Biberacher Handelsgesellschaft Weißhaupt-Schreiber-Dittmar. Ab 1693 befand sich in dem mittelalterlichen Handelshaus der Versammlungsraum

Das Biberacher Zentrum wird von Fachwerkhäusern und mächtigen Türmen beherrscht.

für die evangelischen Patrizier. Auch das auf die Gotik zurückgehende, im 18. Jh. aber umgebaute **Haus Nr. 16** beeindruckt. Die **Skulptur** stellt den Esel aus Christoph Martin Wielands »Prozess um des Esels Schatten« dar. Die Satire aus den »Abderiten« inspirierte den Bodmaner Künstler Peter Lenk zu einem provozierenden, gleichzeitig aber humorvollen Denkmal.

Nach rechts kommt man durch die Schrannenstraße zur **Unteren Schranne.** Das Gebäude wurde im 16. Jh. als Lager- und Verkaufsraum errichtet und diente ab 1824 als Kornlager – Biberach war im Königreich Württemberg der größte Getreidehandelsplatz. Das **Neue Rathaus** auf der rechten Seite, ein dreigeschossiger, verputzter Backsteinbau mit Türmen, besitzt Arkaden von 1503. In ihnen hatten früher die Krämer und Bäcker ihre Verkaufsstände. In den oberen Etagen befanden sich die Amtsräume der Verwaltung und eine Schaustube der Weber. Rechts dahinter in der Waaghausstraße steht das zweigeschossige **Alte Rathaus,** ein spätmittelalterlicher alemannischer Fachwerkbau von 1432 mit hohem Krüppelwalmdach. In seinem offenen Erdgeschoss hatten die Metzger ihre Verkaufsstände, in den oberen Räumen lagen Ratssaal und Amtsstuben.

Folgen wir der Straße, kommen wir zum 1259 als karitative Stiftung gegründeten **Hospital zum Heiligen Geist.** Das heutige Gebäude wurde nach dem Stadtbrand 1516 erbaut. Es ist der größte mittelalterliche Gebäudekomplex der Stadt und dient heute u. a. als Museum. Im 19. und 20. Jh. wurde es mehrfach umgebaut. Die **evangelische Spitalkirche** (nach 1516) ist eine fünfjochige Halle mit drei Schiffen mit Stern- und Netzrippengewölbe. Die figürlichen Schlusssteine zeigen Werke der Barmherzigkeit. Die **katholische Spitalkirche** ist ein dreijochiger Bau mit drei Schiffen, einer Halle mit Kreuzgratgewölbe und einem gerade geschlossenen Chor.

Südlich davon steht das im 16. Jh. erbaute **Komödienhaus,** Viehmarktstraße 8, dessen Erdgeschoss rund 300 Jahre lang Metzgern als Schlachthaus (Metzig) diente. In seinem Obergeschoss fanden von 1650 bis 1858 Theateraufführungen statt, beispielsweise 1761 unter der Leitung von Christoph Martin Wieland die Uraufführung der deutschen Fassung des Shakespeare-Stücks »Der Sturm«.

Nun gehen wir zurück zum Marktplatz und zur **Stadtpfarrkirche Sankt Martin.** Die Pfeilerbasilika, das markanteste gotische Gebäude der Stadt, wurde ab etwa 1320/30 erbaut (Chor). Das Langhaus war Ende des 14. Jh. vollendet. Seit 1548 dient Sankt Martin als Simultankirche beiden Konfessionen. 1746 bis 1748 wurde sie von Johann Zick innen im Rokokostil umgebaut und erhielt ein monumentales Deckengemälde. Dieses entsprach katholischen und protestantischen Vorstellungen; hier ist u. a. Gottvater mit der Weltkugel zu sehen. Im katholischen Teil zeigt das Chorfresko die Verherrlichung der Kirche, in der Turmquerhalle findet man Szenen aus der Bibel und an der Langhausquerwand Apostelbilder von 1742.

Der Hochaltar wurde 1720 von Johann Eucharius Hermann geschaffen und zählt zu seinen besten Werken. Zwischen den Säulen sieht man um 1720 von Johann Georg Bergmüller geschaffene Heiligenbilder. Die Madonna mit der Mondsichel stammt von Georg Grassender (um 1660). Sehenswert sind auch die Marien- und die Candiduskapelle sowie verschiedene Altäre. Die hölzerne Kanzel wurde von Hans Hochmann 1511 gefertigt, das Chorgestühl 1748 von Johann Conrad Fichtel. Das Kruzifix im Chorbogen stammt von etwa 1510. Beachten sollte man auch die Epitaphien und Totenschilde der Familie Pflummern (16. bis 19. Jh.) und den Prospekt der Chororgel (1776). Das **Mesnerhaus** entstand 1533 aus einer Doppelkapelle und besitzt Wandmalereien, z. B. Passionsszenen (Mitte 15. Jh.).

Östlich der Kirche steht in der Ulmer-Tor-Straße das 1365 erwähnte **Ulmer Tor.** Es erhielt 1820 einen freistehenden Glockenstuhl. Dessen »Gausappel« genannte Glocke läutete zum Eintreiben der Gänse am Abend. Wir gehen zurück zum Marktplatz und folgen der Consulentengasse nach rechts. Nach der querenden Gymnasiumstraße sehen wir den **Ochsenhauser Hof,** den ehemaligen Pfleghof des Klosters Ochsenhausen. Er diente von 1775 bis 1961 als Schulhaus. Ab 1903

Im Zentrum von Biberach lässt es sich gut flanieren.

war die Realanstalt und Lateinschule in ihm untergebracht. Seit 1978 befindet sich hier eine Seniorenbegegnungsstätte.

Etwas weiter biegen wir rechts ab in die Zeughausgasse. Sehenswert sind hier die **Gebäude 4** und **5. Haus Nr. 4** ist ein ehemaliges Handwerkerhaus (1318). Dieses einst strohgedeckte Rauchhaus ist eines der ältesten Häuser Süddeutschlands, besitzt eine Bohlenstube und beheimatet heute das Webermuseum und den Wieland-Schauraum. Auch das Fachwerkhaus nebenan zeigt alte Formen; interessant sind die Fenster im Erdgeschoss. Danach gehen wir zurück zum Marktplatz und über den Holzmarkt zur Stadthalle.

Weitere Sehenswürdigkeiten

Die **evangelische Heilig-Geist-Kirche** auf dem Friedhof wurde 1649 bis 1662 errichtet; ihre Einrichtung stammt aus dieser Zeit. Das ehemalige **Franziskanerinnenkloster** wurde 1365 gestiftet und 1807 aufgehoben. Das mächtige dreigeschossige Gebäude entstand 1649 neu. Die **Weißgerberwalk,** Bleicherstraße 3/2, vor den Toren der Stadt ist die älteste deutsche Sämischgerberei, in der Leder noch nach alter Tradition bearbeitet wird. Das Gerberhandwerk hatte im 18. Jh. eine große Bedeutung: Bis zu 50 Rot-, Weiß- und Sämischgerber arbeiteten in der Stadt. Die Hammerwalke geht auf das Jahr 1699 zurück, als sie von den Gerbern erbaut wurde. Gegen eine Gebühr durfte sie von jeder Gerberei benutzt werden. Seit 1723 befindet sie sich in Familienbesitz. Sie wurde 1989 bis 1991 renoviert und mit dem Denkmalschutzpreis der Hypo-Bank Baden-Württemberg ausgezeichnet.

Im **Wieland-Park** hatte Christoph Martin Wieland ein Gartenhaus angemietet. Der heutige Park wurde von dem aus Ulm stammenden Architekten Hans Dieter Schaal gestaltet, der die Gegensatzpaare Künstlichkeit – Natürlichkeit, Geometrie – Organik und Vergänglichkeit – Zukunft herausarbeitete. Im Gartenhaus ist die Ausstellung »Gärten in Wielands Welt« zu sehen.

Museen

Museum Biberach – Braith-Mali-Museum, Museumstraße 6, Telefon (0 73 51) 51-3 31

Webermuseum, Zeughausgasse 4, Telefon (0 73 51) 82 71 70 und 51-3 31

Wieland-Archiv, Zeppelinring 56, Telefon (0 73 51) 51-4 58

Wieland-Gartenhaus, Saudengasse 10/1, Telefon (0 73 51) 51-4 58

Wieland-Schauraum, Zeughausgasse 4, Telefon (0 73 51) 82 71 70 und 51-4 58

Biberach an der Riß-Ringschnait, Nistkasten- und Vogelschutzmuseum, Ummendorfer Straße 4, Telefon (0 73 52) 25 79

Von hier kommt der Name des Bodensees

Bodman-Ludwigshafen

Auskunft Bodman

Tourist-Information Bodman, Seestraße 5, Telefon (0 77 73) 93 96 95, www.bodman-ludwigshafen.de, E-Mail: info@bodman-ludwigshafen.de

Besichtigung Bodman

Die **katholische Pfarrkirche Sankt Petrus und Paulus** in Bodman, nach dem der Bodensee benannt ist, geht auf die Romanik und die Gotik zurück. Das heutige Gebäude wurde 1889/90 über einer Anlage aus dem 14. Jh. errichtet. Sehenswert sind die kreuzgratgewölbte Gruftkapelle der Familie von Bodman (1610) mit zwei Bronze-Epitaphien sowie zwei Tafelbilder aus dem Umkreis des »Meisters

Das heutige Rathaus von Ludwigshafen ging aus dem Großherzoglich Badischen Hauptzollamtsgebäude hervor.

von Meßkirch« (Mitte 16. Jh.). Das **Schloss** wurde 1757/58 als Amtshaus errichtet und 1830/31 im Stil des Klassizismus Weinbrenners erweitert. Der **Park** im englischen Stil kann von April bis Oktober wochentags besichtigt werden.

Neben dem Schloss stehen ein als **Freiherrenhaus** bezeichnetes Gebäude, die ehemalige **Kanzlei** (1850) sowie die so genannte **Villa.** Der **obere Torkel** ist ein Fachwerkhaus mit Walmdach und ornamental angebrachten Luftöffnungen. Das Gebäude wurde 1772 von den Herren von Bodman errichtet und diente ab 1807 als Weinpresse. Das **Grethaus** besitzt ein mächtiges Walmdach. Auch das **Seetor,** das älteste Gebäude des Ortes, ist sehenswert. Es war im 12./13. Jh. vielleicht Teil der Wehranlage und wurde 1783 zum Wohnhaus umgebaut.

Museum

Museum Bodman, Seestraße 7, Telefon (0 77 73) 93 96 95

Auskunft Ludwigshafen

Tourist-Information Ludwigshafen, Hafenstraße 5, 78351 Ludwigshafen, Telefon (0 77 73) 93 00 40, Fax 93 00 43, www.bodman-ludwigshafen.de, E-Mail: info@bodman-ludwigshafen.de

Besichtigung Ludwigshafen

Der Turm der **katholischen Pfarrkirche Sankt Othmar** stammt von etwa 1500, der Rest wurde

1962 erbaut. Altar und Kanzel sind vermutlich von Georg Anton Machein (1725). Sehenswert ist auch eine Maria mit Kind (1480), die Nikolaus Weckmann zugeschrieben wird.

Die **Friedhofskapelle Sankt Anna** wurde 1744/64 erbaut.

Das Schloss in Bodman ist von einem schönen Park umgeben.

Sie ist reich mit Stuckarbeiten und Skulpturen aus dem 18. Jh. geschmückt.

Das heutige **Rathaus** war einst das Großherzoglich Badische Hauptzollamtsgebäude. Ursprünglich war das klassizistische Gebäude einstöckig; 1837 wurde es um ein Geschoss erhöht. Von der Vergangenheit als Transitplatz für Waren und Zollgrenze zur Schweiz und zu Österreich zeugt davor ein **Kran** aus dem frühen 19. Jh. In der Nähe steht die Skulptur **Hermes** des einheimischen Künstlers Reinhard Siecke.

Kunst wird großgeschrieben

Bregenz

■ **Auskunft**

Bregenz Tourismus & Stadtmarketing GmbH, Rathausstraße 35a, A-6900 Bregenz, Telefon (00 43 55 74) 49 59-0, Fax 49 59-59, www.bregenz.at, E-Mail: tourismus @bregenz.at

■ **Besichtigung**

Unseren Rundgang beginnen wir am **Kunsthaus Bregenz KUB,** das 1997 vom berühmten Schweizer Architekten Peter Zumthor errichtet wurde. Es war der erste größere Museumsbau Österreichs seit Olbrichs Haus der Wiener Secession 1898. Westlich von ihm finden wir das **Postamt,** das im Stil der k.u.k.-Zeit entstand und in »Schönbrunner Gelb« gestrichen ist. Es gehört zu den wenigen Beispielen der so genannten Ringstraßen-Architektur außerhalb Wiens.

Dahinter in der Kornmarktstraße steht die barocke **Sankt-Nepomuk-Kapelle.** Sie besitzt einen sehenswerten Altar. Wir gehen durch die Kornmarktstraße zur Rathausstraße und halten uns links. Vorbei am **Rathaus** kommen wir zu der 1698 von Christian Thumb umgebauten **Seekapelle,** die mit einem Zwiebelturm geschmückt ist. Sie soll über einem Massengrab Appenzeller Bauern stehen. Gegenüber befindet sich mit der **Löwenapotheke** eines der wenigen Jugendstilhäuser der Stadt.

Geradeaus spazieren wir in der Deuringstraße weiter. Am Haus des Kindes mit dem Spielplatz werden wir nach rechts Richtung »Altstadt Martinsturm« verwiesen. Nach dem Brunnen geht es nach links hinauf zum **Stadttor.** An ihm sieht man die Wappen der Grafen von Bregenz und der Grafen von Montfort. Der mumifizierte Haifisch im Torbogen ist ein Fetisch, der alles Böse von der Stadt fernhalten soll. Nun sollten wir durch die Gassen der Oberstadt (Graf-Wilhelm-Straße, Eponastraße, Georgenschildstraße) schlendern, denn hier finden wir idyllische Ecken und sehenswerte alte Bauten, u.a. das **Alte Rathaus.** Der **Martinsturm** mit der Martinskapelle ist mit Fresken aus dem 14./15. Jh. geschmückt. Er wurde 1599/1600 als erstes barockes Gebäude am Bodensee erbaut und besitzt die größte Turmzwiebel Mitteleuropas.

Wir gehen die Georgenschildstraße nach rechts hinab zum historischen **Deuringschlössle.** Vor ihm steigen wir links die Stufen der Meissnerstiege hinunter. Unser nächstes Ziel, die Stadtpfarrkirche Sankt Gallus, sehen wir schon. Wir überqueren die Amtstorstraße und gehen die Schlossbergstraße zur Kirche hoch. Die um 1100 erstmals erwähnte **Stadtpfarrkirche Sankt Gallus** steht auf einem vorchristlichen Kultplatz. Sie wurde mehrfach von Bregenzerwälder Baumeistern (z.B. Anton Beer) umgebaut und besitzt schöne Deckenfresken, eine reich geschmückte Kanzel mit Putten, einen mächtigen Stuckmarmoraltar mit großen Skulpturen, geschnitztes Chorgestühl und eine doppelte Orgelempore.

Von der Kirche gehen wir über die Brücke bis vor den Friedhof und halten uns vor ihm rechts in die

Der Bregenzer Martinsturm besitzt die größte Turmzwiebel Mitteleuropas.

Blick auf einen der idyllischen Badestege in Bregenz.

Kirchstraße. In ihr steht auch eine der **schmälsten Hausfassaden:** Haus Nr. 29 ist nur 57 cm breit. Weiter geht es in Richtung See bis zur Bahnhofstraße. Dort sollten wir die Bahngleise unterqueren und uns die **Parkanlage** am Bodensee ansehen, wo auch der **Fischersteg** steht. Da früher das Angeln von der Kaimauer aus nicht erlaubt war, wurde er 1902 erbaut. 1923 war er der »Airport« der Fluggesellschaft »Bodenseeflug Konstanz«, die aber bald ihren Betrieb wieder einstellte.

Museen

Kunsthaus Bregenz KUB, Karl-Tizian-Platz, Telefon (00 43 55 74) 4 85 94-0

Vorarlberger Landesmuseum, Kornmarktplatz 1, Telefon (00 43 55 74) 4 60 50

Mächtige Bauten in der Stadt

Ehingen (Donau)

Auskunft

Tourist-Info, Marktplatz 1, 89584 Ehingen (Donau), Telefon (0 73 91) 5 03-2 16, Fax 5 03-42 16, www.ehingen.de, E-Mail: info@ehingen.de

Besichtigung

Von barockem Prunk geprägt zeigt sich die **Stadtpfarrkirche Sankt Blasius** (13./14. Jh.). An den Umbauten 1749 war auch Johann Caspar Bagnato beteiligt. Das Unterteil des Turms stammt aus dem Mittelalter. Sehenswert sind die Altäre des Bildhauers Melchior Binder. Der Vorgängerbau des **Rathauses** am Marktplatz wurde 1688 von den Franzosen zerstört. Mit österreichischer Hilfe entstand das heutige Gebäude (1713). Viele Adelsfamilien der Umgebung errichteten für sich in Ehingen eigene Stadthäuser. Das 1527 erbaute **Schlösschen/**

Ein Stück der ehemaligen Ehinger Stadtmauer ist noch erhalten.

Ellerbacher Hof gehörte den Herren von Ellerbach (wohl das heutige Erbach). Später war es der Wohnort des Mundartdichters Carl Borromäus Weitzmann (1767–1828). Der **Marktplatzbrunnen** wurde 1987 von dem Göppinger Bildhauer Kurt Grabert geschaffen und zeigt Bilder der Geschichte Ehingens.

Das platzbeherrschende **Amtsgericht** wurde vom Posthalter und Apotheker Mennas Menne ab 1750 errichtet. Hier stand vorher eine Apotheke, die beim Stadtbrand 1749 zerstört wurde. 1769/70 bis 1805 diente es als Amtshaus der schwäbisch-österreichischen Landstände. Das sechsstöckige **Hohe Haus** war der Marchtaler Klosterhof. Um 1400 ließen es die Herren von Stain zu Rechtenstein als Stadtsitz errichten. Sie verkauften es 1492 an die Reichsabtei (Ober-)Marchtal, die es als Klosterhof nutzte. Das schlossartige **Ritterhaus** (1692) überragt die umliegenden Bürgerhäuser. Es war früher das Kanzleigebäude des Kantons Donau der Schwäbischen Reichsritterschaft und ist mit einem schönen Barockgiebel verziert.

Am nördlichen Ende der Oberen Stadt steht das **Benediktinerkolleg.** Es wurde 1698 bis 1709 vom Vorarlberger Baumeister Franz Beer im Auftrag der Abtei Zwiefalten erbaut und diente als Gymnasium. Die **Kollegiumskirche** (1719) hat die Form eines griechischen Kreuzes und besitzt eine bemerkenswerte barocke Ausstattung. Nach 1825 war sie ein königlich-württembergisches, später ein bischöfliches Konvikt.

Nahebei an der Stadtmauer steht der **Speth'sche Hof.** Der Fachwerkbau wurde 1624 von den Herren von Speth als Stadthaus errichtet und besitzt schöne Stuckdecken. Um 1340 wurde das **Heilig-Geist-Spital** gegründet. Es war einst ein umfangreicher, abgeschlossener Baukomplex, zu dem auch die im 19. Jh. profanierte **Spitalkapelle** (um 1493) gehört. Im fachwerkgeschmückten Renaissancegebäude (1532) und in der Kapelle befindet sich das städtische Museum.

Beim ehemaligen **Franziskanerkloster** im Bereich des Marchtaler Klosterhofs und am Viehmarkt sieht man Reste der **Stadtbefestigung.** Auch ein kleiner Teil des Wehrgangs wurde rekonstruiert. In der Nähe findet man den **Pfisterturm** (1300). Die **Liebfrauenkirche** geht auf 1239 zurück. Das Gnadenbild (um 1500) war im 17. Jh. Ziel einer regen Wallfahrt. Im Hochaltar der 1725 barockisierten Kirche befindet sich eine Muttergottes aus dem Umkreis des Hans Multscher. Sehenswert sind auch die Kanzel, der Chorbogenkruzifixus und eine Konsolfigur. Südlich wurde 1650 bis 1653 ein Franziskanerkloster angebaut.

Im Westen am Gänsberg steht das um 1586 errichtete hohe Gebäude der einstigen **Schaffnei** der Zisterzienserabtei Salem, von wo aus deren Güter in der Umgebung verwaltet wurden. Gegenüber sieht man das ehemalige **Haus des Syndikus des Reichsritterkantons Donau.** Es war erst ein Freihof und Adelssitz und wurde 1689 vom Reichsritterkanton gekauft. Auf ihn weist auch das Wappen über dem Portal hin. Das heutige Erscheinungsbild geht auf die Umbauten um 1775 zurück. Die **Oberschaffnei** wurde um 1687 als Klosterhof des Benediktinerinnenklosters Urspring bei Schelklingen erbaut. Die Universität Freiburg nutzte das Haus ab 1827 zur Verwaltung ihrer Besitzungen in der Umgebung. In der Nähe findet man die **Vogtei** (1775) mit ihrem schönen Rokokoportal. In der Lindenstraße steht das **Haus** des Arztes, Mundartdichters und Volkskundlers Michel Buck, der hier von 1874 bis 1888 als Oberamtsarzt wirkte. Es ist im Stil italienischer Villen erbaut.

Der Marktplatzbrunnen zeigt Szenen aus der Geschichte Ehingens.

Museen

Museum der Stadt Ehingen, Am Viehmarkt, Kasernengasse 4, Telefon (0 73 91) 5 03-5 31

Ehingen-Granheim, Mode-Museum Feigel, Von Speth-Schülzburg-Straße 38, Telefon (01 71) 9 96 19 80

Ehingen-Mochental, Schloss Mochental – Galerie und Besenmuseum, Telefon (0 73 75) 4 18 und 4 19

Ehingen-Rißtissen, Römermuseum in der Schule, Römerstraße 38, Telefon (0 73 92) 47 40

Stadtidylle am Fuß der Hegauvulkane

Engen

Auskunft

Tourist-Info Engen, Marktplatz 4, 78234 Engen, Telefon (0 77 33) 5 02-2 49, www.engen.de, E-Mail: rathaus@engen.de

Besichtigung

Das **Rathaus** ging aus zwei spätmittelalterlichen Häusern hervor, deren östlicher Teil 1486 als Rathaus genannt wurde. Es besitzt einen repräsentativen Ratssaal, eine gotische Balkendecke und einen kunstvoll gestalteten Ofen (16. Jh.). Das Haus wurde als Kaufhaus, Schule und Ort für den evangelischen Gottesdienst genutzt. Über dem Haupteingang befinden sich das Stadtwappen und das Wappen der Fürstenberger (1724). Südlich in der schmalen Spendgasse steht das **Stadthaus** (1679), das früher als Stadtschreiberei diente. Zwei Häuser weiter findet man die zur Stadtbefestigung zählende **Hochwacht.** Westlich des Rathauses steht das **Wirtshaus Zum Adler,** das auf das 12. Jh. zurückgeht. Es besitzt mittelalterliche Wandmalereien und Renaissancedecken.

Am Marktplatz brannten 1845 die mittelalterlichen Vorgängerbauten des früheren **Amtsgerichts** (1864–1974) ab. Die **Martinssäule** (1984) stammt von Jürgen Goertz. Südlich in der Hauptstraße finden wir das 1592 als Stadtschreiberei erwähnte **Katzenhaus,** das spät-

Blick auf das Krenkinger Schloss im Hegaustädtchen Engen.

gotische Staffelfenster besitzt. Der Name geht auf die einstige Besitzerin zurück, die das Haus 1975 testamentarisch ihrer Katze vermachte.

Danach kommen wir zum einstigen **Gasthaus Ochsen,** das 1471 als Stadthaus der Herren von Reischach, der Burgherren auf dem Neuhewen, genannt wurde. Erst im 19. Jh. hat man die bis zum Zweiten Weltkrieg bestehende Gastwirtschaft eingerichtet. In der Nähe steht das **Kornhaus / Haberhaus,** das einen Staffelgiebel und einen Erker mit Spottmasken (1570) besitzt. Es wurde erst als Zehntscheuer, ab dem 19. Jh. als Gerstenlager der Felsen-Brauerei genutzt. Dahinter finden wir das auf das 13. Jh. zurückgehende **Krenkinger Schloss.** Die nächste Anlage wurde im 16. Jh. von den Grafen von Lupfen erbaut und brannte im Dreißigjährigen Krieg ab. Auch der staufische

Im Engener Zentrum sieht man schöne Fassadenmalereien.

Buckelquaderturm wurde damals zerstört. 1892 kaufte der badische Staat die wieder aufgebaute Anlage. Im südlichen Eingangsbereich der Altstadt steht der **Sechs-Sinne-Brunnen** von Jürgen Goertz.

Wenn wir zurückgehen, zweigen wir links in die Lupfenstraße ab. Die **Badstube** wurde 1440 erstmals erwähnt. Der **Sebastiansbrunnen** ist ein gusseiserner Trog von 1883. In der noch einen mittelalterlichen

Eindruck erweckenden Sammlungsgasse wohnten früher Geistliche und vermögende Bürger. Die Häuser besitzen teilweise spätgotische Fassaden (2-10) und sitzen rückseitig auf der Stadtmauer. Das **Kloster Sankt Wolfgang** entstand um 1300 als Niederlassung der Beginen. Die Klosterkirche stammt von 1629. Nach 1841 wurde das Gebäude teilweise als Schule und für das Badische Bezirksamt genutzt. Die Kirche diente ab 1841 als Gefängnis. Das mächtige Gebäude Nr. 1 bildete zusammen mit dem Pfarrhaus das **»Schloss an der Straße«.** Zur Zeit der Fürstenberger (1639–1806) saß hier das Obervogteiamt, von 1806 bis 1841 das Badische Bezirksamt.

Das **Haus Pappenheimer** wurde etwa im 15. Jh. erbaut und urkundlich als Herrenherberge genannt. Später diente es als Gasthaus Zum Schwanen und als Rentamt. Am Giebel sieht man Wappen, z. B. der Herren von Engen bzw. Hewen.

Die **katholische Stadtkirche** entstand zwischen 1200 und 1250 als spätromanische, dreischiffige Rundpfeilerbasilika mit einschiffigem Chor. Der Kirchturm geht vielleicht auf einen Wehrturm zurück. Sehenswert sind die beiden Stufenportale mit figürlichen Darstellungen und das Tympanon am Mittelportal. Die Kirche wurde im 15. Jh. gotisiert und 1746/47 barockisiert, ihre Fassade 1893 bis 1903 neugotisch umgestaltet.

Nun kommen wir in die 1381 erstmals genannte **Vorstadt**, die als Straßenmarkt zur Entlastung des Marktplatzes diente. Die Häuser sitzen mit ihren Rückfronten auf der Stadtmauer. Die **Stadtapotheke** entstand nach einem Brand 1872 aus zwei Häusern; datiert ist sie am rundbogigen Einfahrtstor des südlichen Hauses mit 1580. Hier wohnten vom 15. bis zum frühen 19. Jh. angesehene Bürger und wohlhabende herrschaftliche Beamte, als Apotheke dient sie seit 1827. Der **Vorstadtbrunnen** mit den aus Carrara-Marmor gehauenen lebensgroßen Brunnenfiguren von Professor Lutz Brockhaus wurde 1983 errichtet. Nahebei findet man ein typisches **Bürgerhaus,** das 1558 von Peter Haug, Obervogt der Herrschaft Hewen, erbaut wurde. Die Wappentafel zeigt das Wappen seines Enkels und dessen Frau (1620).

Die **Kaplanei** wurde vom protestantischen Stadtherrn Landgraf Maximilian von Pappenheim 1623 als Wohnung für die Kapläne der Sankt-Margarethen-, der Sankt-Nikolaus- und Heilig-Kreuz-Kaplanei erbaut. Sie ist mit dem Wappen des Erbmarschalls und Landgrafen Maximilian geschmückt. Der **Narrenbrunnen** in der Peterstraße weist auf die in Engen bedeutende schwäbisch-alemannische Fasnet hin.

Museum

Städtisches Museum Engen + Galerie, Klostergasse 19, Telefon (0 77 33) 50 14 00

In malerischer Bodenseelandschaft

Eriskirch

Auskunft

Verkehrsamt, Schussenstraße 18, 88097 Eriskirch, Telefon (0 75 41) 97 08-22, Fax 97 08-44, www.eriskirch.de, E-Mail: tourist@eriskirch.de

Besichtigung

Die einschiffige **Pfarr-** und ehemalige **Wallfahrtskirche** mit dem hohen, spitzen Turm wurde um 1400 erbaut und ist mit Kunstwerken des »Meisters von Eriskirch« ausgestattet. Eine Marienwallfahrt hierher wurde bereits im 13. Jh. bezeugt und gehört zu den ältesten Wallfahrten Südwestdeutschlands. 1870 und 1933 wurden die gotischen Wandfresken (15. Jh.) wiederentdeckt. Sie sind eines der wenigen Beispiele einer vollständigen gotischen Ausmalung in Deutschland. Eine Besonderheit darunter ist die Hostienmühle. Die Glasgemälde im Chor wurden 1408 von Heinrich von Montfort gestiftet. Die Madonna auf dem linken Seitenaltar entstand Mitte des 14. Jh. im so genannten weichen Stil. Das Vesperbild stammt von etwa 1660, das gotische Sakramentshäuschen

Die Eriskircher Fresken gehören zu den wenigen vollständig erhaltenen gotischen Ausmalungen in Deutschland.

Die im so genannten »Weichen Stil« geschaffene Madonna stammt aus dem 14. Jahrhundert.

aus dem 14. Jh., die Kanzel ist barock.

Das außergewöhnlich große **Pfarrhaus** entstand im 16. Jh. Am **Rathaus** sieht man ein farbenprächtiges Wappen. Die gedeckte **Holzbrücke** über die Schussen entstand 1828.

Museum

Heimatmuseum Eriskirch, Kirchplatz 3, Telefon (0 75 41) 9 70 80

Stadt mit Luftschifftradition

Friedrichshafen

Auskunft

Tourist-Information, Bahnhofplatz 2, 88045 Friedrichshafen, Telefon (0 75 41) 30 01-0, Fax 7 25 88, www.friedrichshafen.info, E-Mail: tourist-info@friedrichshafen.de

Besichtigung

Die **evangelische Pfarr- und Schlosskirche** wurde 1215 geweiht. 1695 bis 1701 errichtete der Vorarlberger Christian Thumb einen Neubau, der zu den bedeutenden oberschwäbischen Barock-Bauwerken zählt. Der Bau war einst die größte Kirche am See. Die beiden 55 m hohen Kuppeltürme bestehen aus Rorschacher Sandstein. Die Kirche ist mit Stuckaturen von Johann und Franz Xaver Schmuzer in vornehmem Weiß geschmückt. Der Stuckmarmor-Hochaltar wurde 1711 nach einem Entwurf von Franz Schmuzer erbaut, die Seitenaltäre stammen von Belluci und Feuchtmayer. Die Stuckmarmor-Kanzel entstand 1700, das zweireihige Chorgestühl mit seinen kunstvollen Schnitzereien stammt von Martin Höfle (1701).

Die **katholische Pfarrkirche Sankt Nikolaus** am Marktplatz geht auf das 15. Jh. zurück und wurde später mehrfach umgebaut. Sie ist mit gotisierenden Glasfenstern (1960), einem Kruzifix über dem Altar (um 1690), einer Ma-

Beeindruckend sind die Reste des Schlosshafens beim Schloss in Friedrichshafen.

donna (etwa 1460) und einer Nikolausfigur (etwa 1720) ausgestattet. Nördlich der Eisenbahnlinie befindet sich die 1927/28 von Hugo Schlösser und Wilhelm Friedrich Laur im expressionistischen Stil erbaute **katholische Pfarrkirche Sankt Petrus Canisius.**

Anstelle des heutigen **Schlosses** stand das 1089 erstmals erwähnte Benediktinerinnenkloster Hofen, eine Stiftung der Gräfin Bertha von Buchhorn. Nach Zerstörungen im Dreißigjährigen Krieg wurde 1654 bis 1661 unter der Leitung von Michael Beer ein »Neuer Bau« zur Verwaltung der Klostergüter erstellt, ab 1695 ließ das Kloster Weingarten von Christian Thumb eine größere Klosteranlage errichten. Das Kloster fiel 1802 zusammen mit Weingarten an den Fürsten von Oranien-Nassau, der es sofort aufheben ließ. Aus dieser barocken Klosteranlage ging das Schloss Friedrichshafen hervor, das unter Wilhelm I. von Württemberg

Schlosskirche mit interessanter Doppelturmfassade

zum Sommersitz der Herrscherfamilie umgebaut wurde. Unterhalb des Schlosses am See befindet sich der ehemalige **Schlosshafen,** der nach 1918 kaum noch benutzt wurde. Interessant sind die mächtigen Baureste, die ins Wasser ragen.

Nordöstlich des Schlosses stehen sehenswerte **Villen** von Anfang des 20. Jh. in landhausartigem, expressionistischem Heimat- und Jugendstil (Schmidstraße 3, 4, 7 und 9, Margarethenstraße 5). Das denkmalgeschützte **Zeppelindorf** nördlich der Altstadt hinter der Messe wurde ab 1913 nach Plänen u. a. von Paul Bonatz im Stil englischer Gartenstadtarchitektur erbaut. Westlich davon findet man eine weitere Siedlung, deren Fachwerkbauten von Paul Schmitthenner entworfen wurden.

Die Brunnenfigur des **Zeppelin-Brunnens** blieb bei der Zerstörung der Stadt 1944 nahezu unversehrt. Unweit davon steht im Stadtgarten das **Zeppelin-Denkmal** von Professor Toni Schneider-Manzell, der aus dem Ort Manzell stammt. Am Adenauerplatz findet man den **Buchhornbrunnen,** der auf den ursprünglichen Namen der Stadt hinweist. Vom 22 m hohen **Aussichtsturm** an der Hafenmole bietet sich ein Blick auf die Stadt und die Schlosskirche, die Obstgärten im Hinterland und über den Bodensee auf die Bergwelt. Ebenso hat man von der **Uferpromenade** – von der Rotachmündung bis zum Schloss – einen herrlichen Blick über den See zu den Bergen.

Museen

Dornier Museum Friedrichshafen, Claude-Dornier-Platz 1, Telefon (0 75 41) 7 00 56 00

Schulmuseum Friedrichshafen, Friedrichstraße 14, Telefon (0 75 41) 3 26 22

Zeppelin Museum Friedrichshafen, Seestraße 22, Telefon (0 75 41) 38 01-0

Zwischen Weinbergen und dem See

Hagnau am Bodensee

■ **Auskunft**
Tourist-Information Hagnau, Im Hof 1, 88709 Hagnau, Telefon (0 75 32) 43 00-43, Fax 43 00-40, www.hagnau.de, E-Mail: tourist-info@hagnau.de

Die Pfarrkirche Sankt Johannes der Täufer in Hagnau geht auf die Romanik zurück.

Besichtigung

Die **katholische Pfarrkirche Sankt Johannes der Täufer** geht auf die Romanik zurück. Der 48 m hohe Turm stammt aus der Spätgotik, besitzt aber romanische Reste im Untergeschoss. Vermutlich 1729 wurde das Langhaus abgebrochen und mit einer größeren Hallenkirche ersetzt. Später folgte die Barockisierung der Kirche; statt der Barockaltäre sind aber seit 1876 neugotische zu sehen. Das große Kruzifix entstand 1877. Am nördlichen Seitenaltar steht eine Marienfigur aus dem Multscher-Umkreis (um 1460). Hinter dem Altar befindet sich ein Heiliges Grab mit einer lebensgroßen Christusfigur. Im südlichen Seitenaltar sieht man eine von Christoph Daniel Schenck (1681/82) geschaffene Figur des heiligen Sebastian. Die beiden dreisitzigen Chorgestühle

An der Außenseite des Hotels Löwen sieht man die zwei Wappen der Klöster Einsiedeln und Weingarten.

(1675), Beichtstuhl und Kanzel sind in Spätrenaissance-Formen gehalten.

Etwa um 1700 entstanden die Prozessionsstangen. Die gotische Muttergottes im Langhaus stammt aus dem 14. Jh., wurde aber im Barock überarbeitet. Auf das späte 15. Jh. geht die große Pietà im Langhaus zurück. Sehenswert sind noch das Epitaph von 1573 und die Grabplatten an der Außenwand

(um 1800). An der südöstlichen Ecke des Kirchhofes steht seit 1881 eine Kapelle zu Ehren des heiligen Wendelin.

In beherrschender Lage über dem See erbaut wurde zwischen 1711 und 1714 die 84 m lange ehemalige **Hofmeisterei** der Abtei Weingarten, das heutige Rathaus. Der **Salemer Pfleghof / Salmannsweiler Hof** war vermutlich Sitz der im 13. Jh. genannten Ortsherrschaft und wurde in seiner heutigen Form 1568 auf den Resten der früheren Burg mit Buckelquadern gemauert. Das **Hotel Löwen** ging aus dem Amtshaus der Ortsherrschaft hervor (1596). An der Außenseite ist es mit zwei großen Wappen der Klöster Einsiedeln (Schweiz) und Weingarten geschmückt.

Der **Hof des Klosters Schussenried** entstand um 1742. Von etwa 1740 stammt der zweigeschossige **Hof des Klosters Irsee** bei Kaufbeuren. Im 17. Jh. entstand das **Zehnthaus** des Konstanzer Spitals (Wappen von Prassberg, 1680).

Sehenswert sind noch einige **Wohnbauten** aus dem 15./16. Jh., beispielsweise in der Dr.-Zimmermann-Straße, der Hansjakobstraße und in der Seestraße.

Museum

Das kleine Museum – Puppen, Puppenstuben und Spielzeug aus zwei Jahrhunderten, Neugartenstraße 20, Telefon (0 75 32) 99 91

Nach dem Stadtbummel an den Bodensee

Immenstaad am Bodensee

Auskunft

Tourist-Information, Dr.-Zimmermann-Straße 1, 88090 Immenstaad, Telefon (0 75 45) 2 01-1 10, Fax 2 01-2 08, www.immenstaad.de, E-Mail: tourismus@immenstaad.de

Besichtigung

Die **katholische Pfarrkirche** geht auf die Gotik (15. Jh.) zurück und wurde bis auf den Chor und den Nordturm 1982 modern umgebaut. Im mächtigen neugotischen Hochaltar stehen eine Madonnenfigur (um 1460/70) und weitere Figuren (18. Jh.). Sehenswert sind das große Kruzifix am Hauptaltar (um 1520), das Chorgestühl (um 1711/13), die hölzerne Christusfigur an der Choraußenwand (um 1755), die vielleicht von Christoph Daniel Schenck stammenden Apostelfiguren an den Chorwänden (um 1690) und die verschiedenen Grabdenkmäler (18. Jh.). Die schlichte **Rokokokapelle Sankt Michael** (1715 geweiht) besitzt eine von

Bei einem Bummel durch Immenstaad findet man einige idyllische Ecken.

Franz Anton Zeller gemalte Scheinkuppel (um 1760), einen Stiftergrabstein (1730) und einen Altar mit einem Ölgemälde von Johann Jakob Zeiller.

Die **Gebäude Hauptstraße 5** und **20** waren der Pfleghof des Klosters Ottobeuren (18. Jh.). Das spätmittelalterliche **Schwörerhaus,** auch Pulverturm genannt, Im Frickenwäsle 2, ist ein gestelzter Fachwerkbau von 1578. Es war der Sitz des herrschaftlichen Vogts. 1723 diente es als Salz- und Torkelhaus und war die Wohnung des Michaelskaplans. Es besitzt ein Walmdach und eine Außentreppe. Das **Rathaus** ist im Gewölbekeller mit 1607 datiert und war lange Zeit in Privatbesitz. Gegenüber steht das **Bürgerhaus.** Es wurde vom auf der Mainau sitzenden Deutschen Orden als Verwaltungsgebäude und Weinkeller erbaut und diente ab 1853 als Rathaus und Armenhaus.

In der Hauptstraße, der Bachstraße und der Straße Wattgraben findet man weitere **Fachwerkhäuser.** Das **Haus Michael** ist das älteste Wohnhaus des Ortes. Es wurde 1461 erbaut und 1771 in zwei Wohnbereiche aufgeteilt. Das **Torkelhaus** gehörte bereits 1565 dem Kloster Ottobeuren. Das heutige Gebäude wurde 1778 nach langem Rechtsstreit für zwei große Torkel (Weinpressen) errichtet. Seit 1805 ist es in privater Hand. Es besitzt eine 18 m lange, freitragende Holzbalkendecke und ist mit dem Wappen des Abts Honorat Göhl (1767–1802) geschmückt. **Schloss Helmsdorf** geht auf eine Anfang des 13. Jh. genannte Burg zurück. Das heutige Gebäude wurde im 18. Jh. errichtet.

Humorvoller Brunnen vor Fachwerkkulisse.

Museen

Immenstaad-Kippenhausen, Café-Museum »Zum Puppenhaus«, Kirchberger Straße 15, Telefon (0 75 45) 93 69 61

Immenstadt-Kippenhausen, Heimatmuseum »Haus Montfort«, Montfortstraße 13, Telefon (0 75 45) 5 57

Von großen Türmen bestimmt

Isny im Allgäu

Auskunft

Isny Marketing GmbH, Unterer Grabenweg 18 , 88316 Isny im Allgäu, Telefon (0 75 62) 9 75 63-0, Fax 9 75 63-14, www.isny.de, E-Mail: info@isny-tourismus.de

Besichtigung

Vom Bahnhof gehen wir durch die Bahnhofstraße nach Süden zum 1337 erstmals erwähnten **Wassertor.** Es besitzt Schießscharten, einen Glockenstuhl und eine kleine Zwiebelhaube. Heute befindet sich hier das Heimatmuseum. Danach sehen wir links die **evangelische Pfarrkirche Sankt Nikolaus.** Die dreischiffige Basilika stammt aus der Romanik (Weihe 1288). 1689 stürzte angeblich das linke Südschiff ein, weil eine Kirchenstuhlbesitzerin einen Pfeiler hatte auskehlen lassen. Die Kirche besitzt u. a. eine bemalte Renaissance-Kassettendecke (1641), eine frühbarocke Kanzel (um 1642) mit Holzskulpturen, eine überlebensgroße, bronzene Kreuzigungsgruppe (1973) von Ulrich Henn, ein Netzrippengewölbe im Chor und moderne Glasgemälde. Über der Sakristei befindet sich das freskengeschmückte gotische Gewölbe; hier ist die reichhaltige Prediger-Bibliothek untergebracht. Rechts der Kirche liegt die zweigeschossige Ölbergkapelle (1480).

Östlich hinter der evangelischen Kirche steht die **katholische Stadtpfarrkirche.** Sie diente einst den Benediktinern als Klosterkirche. Das erste Bauwerk wurde 1042 von Graf Wolfrad von Altshausen gestiftet. Nach einem Brand wurde sie 1661 bis 1664 von Giulio und Pietro Barbieri aus Roveredo als barocke Hallenkirche neu erbaut. Ihr Turm stammt von 1709/10. Sie besitzt eine Rokokoeinrichtung in Weiß und Gold. Beachtenswert sind die Stuckaturen (1757–1759) des Wessobrunners Johann Georg Gigl und die Fresken (1757–1759) von Michael Holzhey.

Der baldachinartige Hochaltar (1758) und die Seitenaltäre (1763) stammen von Jakob Ruez aus Bad Wurzach. Das Altarblatt des Hochaltars malte der Memminger Johann Heiß um 1690. Sehenswert sind auch das Chorgestühl (1731–1735), der Taufstein (Konrad Hegenauer, 1765) sowie die Deckengemälde. Man sollte auch die reich verzierte Orgel und die Orgelempore mit den zarten Stuckaturen beachten. In der Marienkapelle (1645) an der Chor-Südseite findet man das kunstvoll geschnitzte frühere Chorgestühl der Mönche sowie einen Hochaltar,

Isny im Allgäu ist durch seine hohen Türme bekannt.

Durch das Stadttor kommt man noch heute ins Zentrum.

der wohl um 1765 von Konrad Hegenauer geschaffen wurde und mit einer spätgotischen Madonna (1430–1440) geschmückt ist. Sehenswert sind noch die bemalte Holzkassettendecke (um 1680) und an den Seitenwänden 48 Porträts der Äbte.

Der ehemalige **Klosterbau (Reichsabtei / Schloss Isny)** ist mit der Kirche verbunden. Das Gebäude (17. Jh.) diente nach der Säkularisation den Grafen und Fürsten von Quadt-Wykradt und Isny als Wohnsitz (1803–1942). Das von außen schlichte Gebäude wurde nach dem

Brand 1631 nach Plänen von Giulio Barbieri und Michael Beer 1657 neu erbaut. Georg Gigl (Stuckaturen) und M. Holzhey (Malereien) schmückten das zur Besichtigung freie Refektorium um 1757 im Rokokostil aus. Im Schloss findet man Barockräume.

Vom Schloss gehen wir zurück zur Wassertorstraße und folgen ihr nach links zum Marktplatz. Die Wassertorstraße ist mit teilweise mächtigen **Häusern** bestückt (16.–18. Jh.). Man sollte die vielen schmucken Wirtshausschilder beachten.

Am Ende der Straße steht das frühbarocke **Rathaus** mit Erkervorbau und Arkaden. Es wurde 1682 bis 1687 als Patrizierhaus für die Familie Albrecht aus drei früheren Patrizierhäusern erbaut und dient seit 1733 als Rathaus.

Am Marktplatz stehen beeindruckende **Patrizierhäuser.** Hinter dem Rathaus geht rechts die Espantorstraße ab. Hier steht an der Ecke die **Stadtapotheke** (16. Jh.) mit Innenhof mit Arkaden. Südlich des Rathauses findet man das **Paul-Fagius-Haus / Spital zum Heiligen Geist.** Die Gründerin des Spitals war Elisabeth Bräwissin, die 1397 ein »hus hinder der metzig« kaufte, das als Spital dienen sollte. Es verbrannte 1401 beim großen Stadtbrand, 1402 begann der Neubau. An der Ostseite des Marktplatzes steht der mit einer Zwiebelhaube ausgestattete **Blaserturm** (15. Jh.). Rechts ist das **Tuchhaus / Hallgebäude** angebaut. Hier wurden vom amtlich vereidigten Leinwandschauer die Webereierzeugnisse vermessen. Auch den Salzhandel hat man hier abgewickelt.

In der Bergtorstraße sieht man alte schmiedeeiserne Wirtshausschilder, außerdem das **Amtshaus der Leonhardstiftung,** heute städtische Galerie Arkade. Wenn wir kurz der Bergtorstraße weiter folgen, kommen wir zur neugotischen **Marienkirche.** Vor ihr kann man links durch den Schlossgraben zum **Pulverturm** (13. Jh.) gelangen. Beim Graben sieht man die mittelalterliche **Stadtmauer.** Wenn man weitergeht, kommt man zum **Diebsturm** (1402)**.** In seinem unteren Teil befanden sich früher zwei Gefängnisse. Der **Hafendeckelturm** (16. Jh.) erhielt im 19. Jh. seinen Zinnenkranz. Der gegenüber der Stadtmühle liegende **Mühlturm** (16. Jh.) besitzt ein Kegeldach. Das 1413 genannte **Espantor** wurde zuerst im 13. Jh. mit der Ummauerung, ein weiteres Mal 1467 erbaut und besitzt einen trapezförmigen Grundriss. Ab hier führt die gut erhaltene **Stadtmauer** nach Nordosten zum **Grabentor.** Entlang der Stadtmauer kommt man zum 1577 genannten **Speicherturm.**

Museen

Museum am Mühlturm, Fabrikstraße 21, Telefon (0 75 62) 9 75 63-0

Wassertor-Museum, Wassertorstraße, Telefon (0 75 62) 9 75 63-0

Bischof und Bürgerschaft konkurrierten

Kempten

Auskunft

Tourist Information, Rathausplatz 24, 87435 Kempten, Telefon (08 31) 25 25-2 37, Fax 25 25-4 27, www.kempten.de, E-Mail: tourist info@kempten.de

Museen: Museumsverwaltung der Stadt Kempten, Telefon (08 31) 25 25-3 90

Besichtigung

Das **Rathaus** ist von Patriziergebäuden (16.–18. Jh.) umgeben. Es wurde 1368 als Kornhaus (ab 1382 Rathaus) in Fachwerkbauweise und 1474 als Steingebäude errichtet und im 19. Jh. umgebaut. Davor steht ein sehenswerter **Rokokobrunnen** (1601). Das Gebäude **Rathausplatz 1** wurde Anfang des 18. Jh. erbaut. Der **Londoner Hof** (1764), Nr. 2, besitzt eine prächtige Rokokofassade. 1872 wollte man mit ihm als »Albergo und Hotel Londoner Hof« internationale Hotelgäste anlocken.

Das **Alte Zollhaus** (1471, um 1600 umgebaut), Nr. 3, zeigt in einem Zimmer Fresken (um 1480). Das **Neubronnerhaus,** Nr. 5, wurde 1796 aus zwei Häusern zusammengebaut. Es zeigt ein schmuckes Portal und eine spätbarocke Fassade. Das **Hotel Fürstenhof** (um 1600), Nr. 8, besitzt Eckerker und im Erdgeschoss Stuckierungen. Das **Ponickauhaus** (1570), Nr. 10/12, besitzt eine Fassade von 1740 und ein schönes Treppenhaus. Das im Kern spätgotische Gebäude der **Grünbaumbrauerei,** Nr. 13, wurde um 1800 in klassizistischem Stil erneuert. Der ehemalige **Gasthof Zum Hirschen,** Nr. 16, entstand im 18. Jh. neu. **Gebäude Nr. 19** (16. Jh.) besitzt einen kleinen Erker. Das **Schmiedezunfthaus,** Nr. 27, wurde 1582 neu errichtet.

Durch die Grünbaumgasse gehen wir zum Sigmund-Ullmann-Platz und zur Vogtstraße. Im **Haus der Müßiggengelzunft,** Sigmund-Ullmann-Platz/Vogtstraße 21, versammelte sich die von reichen Bürgern 1419 gegründete »Straußengesellschaft«. Das Gebäude hat eine Renaissancefassade (um 1600). Sehenswert in der Vogtstraße sind das **Altstädtische Spital** (Nr. 6) und das **Vogthaus,** Nr. 8 (um 1600).

Vom Rathausplatz geht auch die Reichsstraße ab, ihre Verlängerung ist die Schützenstraße. **Reichsstraße 2 bis 4** ist ein Komplex von um 1600 erbauten Häusern. Hier steht auch das **evangelisch-lutherische Pfarrhaus** (Nr. 6) mit schönen Türfüllungen. **Reichsstraße 7** ist das Anfang des 18. Jh. erneuerte Haus des Bürgermeisters

Die Basilika Sankt Lorenz ist der erste große Kirchenbau, der nach dem Dreißigjährigen Krieg in Süddeutschland errichtet wurde.

J.A. Kesel, Schützenstraße 3 die einstige **Reichsstädtische Münze** (15. Jh.).

Weiter nach Osten kommen wir zur gotischen **Häusergruppe Am Mühlberg** (15. Jh.). Das Gebäude an der Illerstraße war Salzstadel und Kontorgebäude und einst Teil der Stadtmauer. **Sankt-Mang-Platz Nr. 12** ist das älteste Steinhaus in Kempten (1289). Sehenswert sind auch die **Häuser Nr. 6, 8** und **10.** Im heutigen evangelischen Gemeindehaus, **Nr. 6,** wuchs 1849 bis 1865 der Erfinder der Eismaschine, Dr. Carl von Linde, auf. Hier lebte 1553 bis 1561 der Schöpfer der slowenischen Schriftsprache, der »slowenische Luther« Primus Truber.

Südlich davon steht die **evangelische Pfarrkirche Sankt Mang** (Mang = Magnus), die auf das 8. Jh. zurückgeht. Ab 1426 wurde ein Neubau errichtet, gleichzeitig entstand der spätgotische Chor. 1767 fand eine umfassende Erneuerung im Barockstil statt. Der untere Teil des 66 m hohen Turms ist romanisch. Die gotische Einrichtung wurde 1553 vernichtet Im Langhaus befindet sich sparsamer Rokokostuck (1767). Fresken aus dem Umkreis Bernhard Strigels (15./16. Jh.) wurden im Chor freigelegt. Sehenswert sind ferner die frühbarocke Kanzel (1608), das Chorgestühl (17. Jh.), der neugotische Hochaltar (1894), die Malereien im Chor (1427), der Stuckmarmortaufstein (um 1767), die Glasmalereien (1866–1869), die gemalte Kreuzigung (Hieronymus Hau, 1726), die Grabsteine und ein mit Flechtbandrelief verzierter Stein aus einer Taufgrube (8. Jh.).

Vor der Kirche steht ein 1905 vom Bildhauer Georg Wrba geschaffener **Jugendstil-Brunnen.** Das **Pfarrhaus,** Sankt-Mang-Platz 6 (1329, renoviert 17. Jh.), ist im Obergeschoss mit der Kirche verbunden. Das **Jenisch-Haus,** Nr. 1, stammt aus dem frühen 17. Jh. Das **Rote Haus** (um 1600, 1763 verändert), Nr. 3/5, besitzt über dem Eingang ein schmiedeeisernes Gitter sowie zwei Erker.

Zurück am Rathaus gehen wir in die Kronenstraße. Die prachtvollen **König'schen Häuser** (1712, 1771), Nr. 29 und 31 (Kronenapotheke), besitzen die einzige barocke Fassadenbemalung in der Altstadt. Westlich verläuft die Rathausstraße. Gebäude **Nr. 5** ist ein Anfang des 17. Jh. erbautes Bürgerhaus. Wir gehen durch die Rathausstraße bis zur Klostersteige und halten uns hier rechts in der Straße In der Brandstatt bis zur Gerberstraße, in die wir links einbiegen.

Durch die Gerberstraße kommen wir zur Residenz. Diese ehemalige **Benediktiner-Fürstabtei** wurde 752 als königliches Eigenkloster gegründet und war seit 1213 als Reichslehen im Besitz der Grafschaft Kempten. Die erste Anlage wurde im Dreißigjährigen Krieg zerstört, die heutige Anlage von 1652 an von Michael Beer und Johann Serro als eine der umfangreichsten Barockanlagen Süddeutschlands erbaut.

Im östlichen Teil war sie Benediktinerstift, im westlichen Teil Residenz der Fürstäbte. Sehenswert sind der westliche Hof mit den rundbogigen Arkaden, die Architekturmalereien vor den Fenstern und die reich geschmückten Rokokosäle.

Im Hofgarten, einer schönen **Parkanlage,** steht die **Orangerie** mit dem hervorspringenden Mittelrisalit und den beiden Eckpavillons (1780). An der Westseite des Hofgartens halten wir uns rechts zur Landwehrstraße, wo sich der frühere **Marstall,** Landwehrstraße 4/ Memminger Straße 10, befindet. Das Gebäude wurde um 1730 erbaut und ist der einzige barocke Marstall südlich der Donau.

Zurück zur Residenz gehen wir zur **Sankt-Lorenz-Basilika,** dem ersten nach dem Dreißigjährigen Krieg errichteten großen Kirchenbau in Süddeutschland. Nach der Zerstörung 1632 bis 1634 ließ Fürstabt Roman Giel von Gielsberg 1652 bis 1666 die neue Kirche erbauen. Baumeister war Michael Beer aus Vorarlberg, ab 1654 Johann Serro aus Graubünden.

Das Langhaus ist mit Arkaden ausgestattet und mit ornamentalem Schmuck versehen. Sehenswert sind die Deckenfresken (1660/70), die Kuppel, der Stuck in Langhaus, Seitenschiffen und Chor (1659–1665, Giovanni Zucalli), das Chorgestühl (ab 1670) mit bunten Scagliola-Füllungen einer »Frau Stuckhatorin« und prächtigen Schnitzfiguren, der Stuckmarmor-Hochaltar (1684), der rechte Seitenaltar und die Stuckmarmorkanzel (1685) – unter ihr ein kreuztragender Christus (um 1525/30), vielleicht von Jörg Lederer. Bemerkenswert sind u.a. der Astkruzifixus (um 1350) unter der Westempore sowie die vielen Grabmäler und Grabsteine der Fürstäbte in den Rundkapellen und der Krypta und die herrlichen schmiedeeisernen Chorgitter.

Gegenüber der Kirche steht das barocke **Kornhaus** (um 1700) mit einem Volutengiebel. Vom Großen Kornhausplatz geht nach Norden die

Kemptens Rathaus besitzt eine markante Fassade.

Brunnenfigur in Kempten.

Memminger Straße ab. **Haus Nr. 57** (1735) war das Haus des Hofmalers Franz Georg Hermann. Die **Kellerei** (Nr. 15) entstand Anfang des 17. Jh.

Das **Sauterhaus,** Hildegardplatz 15, wurde etwa 1680 erbaut, um 1820 klassizistisch verändert und besitzt einen schönen Giebel. Nach Osten kommen wir zum **Landhaus** (1732), Residenzplatz 33. Hier tagten die Landstände, die Vertretung der Untertanen des Stifts. Es besitzt einen Rokokosaal. Das **Zumsteinhaus,** Nr. 31, wurde 1802 für die aus Savoyen stammende Kaufmannsfamilie de la Pierre (= zum Stein) erbaut.

1778 wurde die **Thurn-und-Taxis'sche Posthalterei,** Poststraße 11, von Johann Georg Specht errichtet. Gebäude **Nr. 16** entstand nach 1683, die Neurenaissance-Fassade um 1880. Das schmiedeeiserne **Gartentor** (1830) zum Stadtpark mit der perspektivischen Scheinarchitektur erinnert mit den Initialen NZ an die Familie Zumstein.

Nun spazieren wir durch den Park und halten uns am Pavillon links zum Platz »Auf'm Plätzle«. Haus Nr. 8 war der ehemalige **Rieggerturm** der Stadtmauer. Durch die Straße Am Schlössle erreichen wir die Fischerstraße mit der **Freitreppe,** die einen Blick bis zum Rathaus öffnet. Das mächtige **Schlössle,** Am Schlössle 1, mit Zwerchhaus und Eck-Erkern wurde 1593 bis 1624 erbaut. Nach der Treppe sehen wir **Haus Fischersteige 8** mit einer schmucken Rokokofassade. Danach gehen wir zurück zum Rathaus.

Museen

Allgäuer Burgenmuseum, Burghalde 1, Telefon (08 31) 5 12 14 68

Allgäu-Museum, Großer Kornhausplatz 1, Telefon (08 31) 54 02 12-0

AlpinMuseum und Alpenländische Galerie, Landwehrstraße 4, Telefon (08 31) 25 25-7 40

Archäologischer Park Cambodunum APC, Cambodunumweg 3, Telefon (08 31) 25 25-3 69

Kunsthalle, Memminger Straße 5, Telefon (08 31) 25 25-2 00

NaturkundeMuseum und Römisches Museum, Residenzplatz 31, Telefon (08 31) 25 25-3 69

Prunkräume der Residenz, Residenzplatz, Telefon (0 83 73) 4 65

Zwei Schlösser dominieren den Ort

Kißlegg

Auskunft

Gäste- und Bürgerbüro, Neues Schloss, 88353 Kißlegg, Telefon (0 75 63) 9 36-1 42, Fax 9 36-1 99, www.kisslegg.de, E-Mail: tourist@kisslegg.de

Besichtigung

Die **Pfarrkirche Sankt Gallus und Ulrich** (ab 10. Jh.) wurde 1734 bis 1738 von Baumeister Johann Georg Fischer barock umgebaut. Der Stuck stammt von Johann Schütz, die Ausmalung von Franz Anton Erler und Benedikt Gambs d. J. Sehenswert sind die Madonna mit Kind von Hans Zürn (1623), die Kanzel von Johann Wilhelm Hegenauer, das Chorgestühl, der berühmte Augsburger Silberschatz sowie der teilweise versilberte Stuck.

Das barocke Neue Schloss in Kißlegg.

Blick über den See auf die Pfarrkirche Sankt Gallus und Ulrich in Kißlegg.

Das barocke **Neue Schloss** wurde 1721 bis 1727 von Johann Georg Fischer erbaut und war bis 1941 Sitz der Fürstlichen Familie Waldburg zu Zeil und Wurzach. Es besitzt reich stuckierte Räume und Deckenfresken, der schönste Raum ist der Bankettsaal. Im Treppenhaus befinden sich acht lebensgroße Sibyllenskulpturen aus Stuckmarmor von Joseph Anton Feuchtmayer. Sehenswert ist auch die Schlosskapelle mit ihrem Deckenfresko.

Das burgartige, privat genutzte **Alte Schloss** wurde von Hans Ulrich von Schellenberg im 16. Jh. erbaut. Durch Heirat kam es an die Familie Waldburg-Wolfegg, die es von Johann Georg Fischer barockisieren ließ. Den 8 ha großen **Schlosspark** mit den Baumalleen und den idyllischen Weihern ließ Fürst Eberhard von Waldburg-Wurzach im englischen Stil anlegen.

Am 1931 erbauten **Rathaus** sieht man Sgraffitos von Toni Schönecker (1974) mit Motiven zur Stadtgeschichte. Die **Mariensäule** wurde 1967 vom Altshausener Bildhauer Riegel als Kopie eines Originals von etwa 1540 errichtet. Der **Pfarrstadel** entstand 1704/05, sein Vorgängerbau war 1704 abgebrannt.

Das **Hospital Zum Heiligen Geist** mit dem historischen Spitalgebäude und der **Spitalkirche** geht auf eine Stiftung von Hans Ulrich von Schellenberg im Jahr 1575 zurück. Nach einem Brand 1704 wurde es wieder aufgebaut. In der reich ausgestatteten Kirche findet man Tafelmalerei und Holzskulpturen (15.–19. Jh.), darunter das Altarblatt mit dem Pfingstereignis (1709) und ein spätmittelalterlicher Marientod aus Holz. Die **Skulptur** des Sankt Nepomuk an der Achbrücke stammt von Konrad von Reicholzried. Die **Apotheke Sankt Gallus und Ulrich** wurde 1705/06 als Amtshaus der Schellenberger erbaut. Seit 1833 befindet sich hier die Apotheke.

Die **Gasthäuser Zum Löwen, Zum goldenen Adler** und **Zum Ochsen** sowie die ehemalige **Hirschpost** waren Tafernwirtschaften der Kißlegg-Trauchburgischen und Kißlegg-Schellenbergischen Herrscher und stammen aus dem 17. und 18. Jh.

Weitere Sehenswürdigkeit

Nordwestlich des Zentrums liegt die ab 1718 erbaute **Friedhofskapelle Sankt Anna.** Der Entwurf stammt von dem Füssener Johann Georg Fischer, Baumeister war Hans Jakob Graßer, Stuckateur Hans Herkommer. Die Fresken stammen vom Barockmaler und Baumeister Cosmas Damian Asam.

Museen

Heimatstube Kißlegg, Neues Schloss, Schlossstraße

Museum Rudolf Wachter, Neues Schloss, Schlossstraße

Neues Schloss, Schlossstraße, Telefon (0 75 63) 9 36-1 42 (alle Museen)

Quirlige Metropole am See

Konstanz

Auskunft

Tourist Information Konstanz GmbH, Bahnhofplatz 43/Bahnhof, 78462 Konstanz, Telefon (0 75 31) 13 30 30, Fax 13 30 60, www.konstanz.de, E-Mail: info@konstanz-tourismus.de

Aus der Geschichte

Das aus einem römischen Militärposten zur Sicherung des Rheinübergangs hervorgegangene Konstanz wurde um die Wende vom 6. zum 7. Jh. Sitz eines Bischofs. Im Lauf der Zeit entwickelte sich daraus die größte deutsche Diözese. Die bürgerliche Stadt tat sich schwer mit der Geistlichkeit und konnte erst im 13. Jh. ihre Eigenständigkeit durchsetzen. Das wichtigste Ereignis war das Konzil von 1414 bis 1418, zu dem sich zahlreiche europäische Herrscher mit ihrem Hofstaat in der Stadt aufhielten. Bekanntestes Zeugnis dieses Ereignisses ist das Konzilgebäude.

Besichtigung

Vom Bahnhof spazieren wir beim Konzilgebäude auf die Seeseite zur Statue der **Imperia** von Peter Lenk, die sich in humoristisch-provozierender Art mit dem Konzil auseinandersetzt. Dann umgehen wir das **Konzilgebäude** auf der Seeseite. Das mächtige Bauwerk mit dem riesigen viergeschossigen Walmdach wurde ab 1388 als städtisches Kaufhaus von Werkmeister Heinrich Arnold errichtet. Es war der größte mittelalterliche Profanbau in Süddeutschland. In ihm wurde insbesondere der Fernhandel mit Leinwand nach Oberitalien abgewickelt. Da es einst in den See vorgeschoben war, konnte man es auch mit dem Schiff anfahren. Es diente auch zur Kontrolle des städtischen Marktes, da sich hier die Waage und die Leinwandbeschau, das Eich-, Zoll- und Stadtsteueramt befanden.

Hier wurde während der Zeit des Konstanzer Konzils vom 8. bis 11. November 1417 im Konklave der Papst gewählt – die einzige Papstwahl auf deutschem Boden. Eine deutsche und lateinische Inschrift über dem Südportal erinnert daran. Gewählt wurde Otto Colonna, der sich Papst Martin V. nannte. 1870 entstand im Oberen Saal ein Fest- und Versammlungssaal.

Vor dem Stadtgarten überqueren wir die Bahnlinie und sehen rechts das **Alte Rathaus.** Es geht auf das Jahr 1484 zurück – ab dem 13. Jh. gab es aber erwähnte Vorgängerbauten – und wurde 1733 nach Plänen von J. M. Beer neu

Durch die alten Gassen geht der Blick zum Konstanzer Münster.

erbaut. Innen findet man noch Elemente aus der Barockzeit. Danach gehen wir über die Konzilstraße zum Fischmarkt und durch die Münzgasse weiter. In der rechts abgehenden Hohenhausgasse sehen wir das **Haus Zum goldenen Löwen** (1450/1580) mit farbenprächtiger Fassadenmalerei (etwa 1590) von Jakob Memberger.

Weiter folgen wir der Münzgasse in Richtung Marktplatz. Noch vor ihm können wir nach links einen Abstecher in die Hussenstraße machen, wo wir zahlreiche interessante Bauten finden. Im **Haus Zum**

Delphin (14. Jh.) lebte Hieronymus von Prag, Freund und Mitstreiter von Jan Hus. In der Kanzleistraße können wir nach links zum **Neuen Rathaus** gehen. Es besitzt einen Renaissance-Innenhof und wurde 1592 bis 1600 vermutlich von Jakob Bock erbaut, der mehrere historische Privatgebäude zusammenfügte. Vom ursprünglichen Bau ist noch das spätgotische Doppelportal mit der Wappentafel von Ulrich Gryfenberg von 1479 erhalten.

Mit verbaut ist das **Zunfthaus der Leineweber** (»Zur Salzscheibe«). 1549 bis 1592 diente es als Lateinschule. Das heutige Gebäude wurde 1594 von Alexander Guldinast im Renaissancestil erbaut, die Fassadenmalerei brachte Ferdinand Wagner 1864 an. Ganz am Ende der Hussenstraße kommen wir

zum **Hus-Haus** und **Hus-Museum** sowie zum **Schnetztor** mit seiner dekorativen Fachwerkgestaltung.

Zurück zur Münzgasse halten wir uns links zum Marktplatz mit dem bemalten **Hotel Zeppelin.** Dann gehen wir zur **katholischen Pfarrkirche Sankt Stephan und Nikolaus,** der ehemaligen Stiftskirche eines Chorherrenstifts. Sie bestand wohl schon im 7. Jh. und gilt als älteste Pfarrkirche der Stadt. Während des Konzils tagte hier das päpstliche Gericht. 1770 bis 1773 wurde sie barockisiert. Sehenswert sind u. a. das Chorgestühl (um 1270), die spätgotischen Glasmalereien, das Sakramentshäuschen eines niederländischen Künstlers (1594), die Deckengemälde (nach 1770), die Heiligenfiguren an den Pfeilern (z. B. von 1570), die neugotischen Altäre, Kanzel und Beichtstühle (18. Jh.) und die Taufkapelle mit der großen Ölbergdarstellung.

Wir gehen rechts an der Kirche vorbei in die Wessenbergstraße. Das **Wessenberghaus / Haus Zum Panthertier** besitzt eine reich geschmückte Fassade (um 1860). Zwei Häuser aus dem 14. Jh. wurden zusammengefügt; das so entstandene Haus diente ab 1551 als Domherrenhof. Es war das Wohn- und Sterbehaus des letzten Bistumverwesers Ignaz Heinrich von Wessenberg (1774–1860). Seine Büste ist in der Fassadenmitte angebracht. Im ersten Obergeschoss liegen sehenswerte barocke Räume; interessant sind besonders die Stuckdecken mit Symbolen der Freimaurer. Das **Kulturzentrum** ging aus der Pfarrkirche Sankt Paul aus dem 10. Jh. hervor.

Südlich grenzt der **Pfarrhof** an. Das spätmittelalterliche Fachwerk-

Ein Muss für den Konstanz-Besuch: ein Bummel durch die malerische Altstadt.

gebäude wurde im 15. Jh. an die Stadtmauer angebaut.

Rechts steht das gewaltige Münster, links am Münsterplatz das **Haus zur Kunkel,** Nr. 5. Der Baukomplex ging aus mehreren Kanonikerhäusern hervor, die 1815 vereinigt wurden. Innen sieht man Wandmalereien aus dem 14. Jh. Sie wurden vermutlich vor 1316 von dem Kleriker Ulrich von Überlingen, Physikus und Chorherr in Bischofszell, und Kero von Tübingen, dem Chorherrn an Sankt Johann und Advokat des geistlichen Gerichts, in Auftrag gegeben. Die berühmten, erst seit 1860 bekannten Weberfresken (um 1315) im zweiten Stock erzählen von diesem alten Gewerbe. In drei Reihen mit fast quadratischen Bildern stellen sie die Flachs- und Seidenverarbeitung dar, wobei die verheirateten Frauen rote Gewänder und die jungen Mädchen grüne Kleider mit Blütenkränzen anhaben. Reime erklären den Inhalt der Bilderzählung. An der Nordwand befinden sich Bilder eines Ritterepos von etwa 1300, die vermutlich älter als die Weberfresken sind.

Hier in der Gerichtsgasse finden wir den **Lindenhof,** Nr. 9, einen ehemaligen Domherrenhof (17. Jh.). Das Gebäude entstand Anfang des 17. Jh. durch den Umbau eines mittelalterlichen Vorgängergebäudes. Auf der Straßenseite befinden sich einfache Pfeilerarkaden und ein Torhaus mit Korbbogentor. Das dreigeschossige Haupthaus besitzt ein Satteldach, eine große Aufzuggaube und einen runden Treppenturm. Der **Blarersche Domherrenhof,** Gerichtsgasse 15, ist schon 1267 als Wohnhaus erwähnt worden. Das jetzige Gebäude mit dem Walmdach wurde 1612 bis 1620 von Johann Jakob Blarer erbaut, wobei die Westwand auf der Stadtmauer aufsaß. Es besitzt ein Renaissanceportal mit Triumphbogen.

Das spätgotische **Münster** gehört zu den beeindruckendsten Bauwerken der Stadt. Der ganze Komplex besteht aus der Kirche selbst, dem Kreuzgang mit den verschiedenen Kapellen sowie der Mauritiusrotunde und ihren Kapellenanbauten. Der älteste Bauteil ist die Krypta mit dem Grab des heiligen Pelagius, die vielleicht auf das 8. Jh. zurückgeht. Aus dieser Zeit stammt vermutlich auch das Figurenkapitell. Etwas Besonderes sind die Goldscheiben – vier feuervergoldete Kupferblechmedaillons auf Holzkern –, insbesondere die Maiestas-Scheibe (um 1000). Die anderen Scheiben stammen vermutlich aus dem 13. Jh.

Sehenswert im Münster sind u. a. geschnitzte Türflügel (1470, im 16. Jh. vergrößert) mit 20 Reliefs mit dem Leben Jesu, etliche Kapellen, besonders die reich geschmückte Welserkapelle (15./16. Jh.) und die Konradikapelle mit einem prachtvollen Flügelaltar und weitere Altäre, Grabplatten, die Kanzel (1680) und die Orgelempore (um 1518). Über dem Kirchenportal befindet sich

»der große Herrgott von Konstanz«, ein 3 m großer Kruzifixus von Ende des 15. Jh. Der »Schnegg« ist ein mit feinem Maßwerk verzierter, 1446 vollendeter Treppenturm.

Der Hochaltar im Chor stammt von 1774. Das Chorgestühl wurde von Nikolaus Gerhaert entworfen und 1466 bis 1471 in der Werkstatt von S. Haider angefertigt. Es ist ein Eichengestühl mit drei übereinander angeordneten Sitzreihen; Ziertürme zeigen, wo Propst und Bischof saßen. Die Schnitzwerke zeigen die Heilsgeschichte der Menschheit von Adam bis zum Jüngsten Gericht. Auf der Rückseite sieht man Büstenreliefs von Propheten, Aposteln, Evangelisten und Kirchenvätern.

Im Nordquerhaus wurde 1680/81 der Thomasaltar aus schwarzem und graubraunem Stuckmarmor gefertigt und später ergänzt. Interessant sind auch das Nischengrab und das Sandsteinepitaph. Im Südquerhaus findet man einige sehenswerte Epitaphien. Die 1222 erwähnte und ab 1423 umgebaute Margaretenkapelle besitzt Wandmalereien und die einzigen Reste mittelalterlicher Glasmalereien im Münster. Sehenswert ist auch die Grabtumba für Bischof Otto von Baden-Hachberg in einer gemalten zweigeschossigen Scheinarchitektur.

Im Langhaus finden wir Christophorusbilder aus dem 15. Jh., eine aus Nussbaum geschnitzte Kanzel von 1680 und eine Orgelempore von 1518; man sollte hier die Putten beachten. Weiter sehenswert im Langhaus sind zahlreiche Kapellen, die mit Kunstwerken reich ausgestattet sind. Im Ostflügel sollte man die sieben Maßwerkfenster betrachten. Vom zweigeschossigen Kreuzgang aus dem 13. und 14. Jh. sind nur noch zwei Flügel erhalten. Im Kreuzgang befinden sich auch die dem ottonischen Reichsheiligen gewidmete Mauritiusrotunde, errichtet um 940 und später umgebaut, sowie das Heilige Grab. Es entstand um 1270/80 in der Gotik und soll eine getreue Kopie des Grabmals Jesu in Jerusalem sein. Geschmückt ist es mit einem hölzernen Schrein und zahlreichen Figuren. Sehenswert ist auch das Kalksteinepitaph. Ansehen sollte man auch die Blasius- und die Sylvesterkapelle. Rechts des Münsters finden wir im Pfalzgarten die **Mariensäule** von 1683.

Auf der linken Seite des Münsters spazieren wir in Richtung See. Links liegt mit **Sankt Josef** ein früherer Klaustralhof (13. Jh.); einst war er als »von Rollscher Hof« ein Domherrenhof und Wohnsitz des Bischofs. In einer Seitengasse steht das **Pfründhaus** der Capella Sankt Margareta (um 1240). Hier wohnte der Maler Meister Kun (1320).

Danach kommen wir in Richtung See zur stuckgeschmückten **Christuskirche.** Sie ist die ehemalige Jesuitenkirche Sankt Konrad (1604–1608). Sehenswert sind der Hochaltar (1736) und die reiche Barock- und Rokoko-Ausstattung

Rast an der Uferpromenade in Konstanz.

(18. Jh.). Die markante stuckverzierte Decke wurde 1682 eingebaut, feiner ist der Wandstuck. Das Gitter unter der Empore entstand um 1730, Kanzel, Beichtstuhl und der Türrahmen zur Sakristei in der zweiten Hälfte des 18. Jh. Der Bibliotheksflügel wurde 1682 errichtet. In der Konzilstraße biegen wir links ab und kommen an dem 1610 als Jesuitengymnasium erbauten **Stadttheater** vorbei. Es wurde 1938 zu diesem Zweck umgebaut und gilt als eine der ältesten noch bespielten Bühnen im deutschen Sprachraum.

Nach links gehen wir zur leuchtend rot gestrichenen **Dompropstei.** Sie wurde anstelle des bischöflichen Spitals 1609 als Verwaltungs- und Repräsentationsgebäude der Fürstbischöfe erbaut und diente diesem Zweck bis zur Säkularisation. Seine Gestalt erhielt das markante Gebäude unter Markus Sittikus von Hohenems – er war hier von 1604 bis 1619 Dompropst und ab 1612 auch Salzburger Erzbischof – sowie seinem Nachfolger Ferdinand Truchsess von Waldburg. Die Propstei besitzt eine bemerkenswerte Hauskapelle, einen Rokokosaal und -balkon, innen feinen Rokokostuck und eine schmucke Fassade mit einem Rokokoportal.

Folgt man der Rheingasse bis zur Brückengasse, kommt man zur kleinen **Klosterkirche Sankt Katharina,** die dem Dominikanerinnenkloster Zoffingen gehörte. Dieses ging auf eine Schenkung des Domherrn Burkhard von Zoffingen von 1269 zurück. Die Innenausstattung stammt vorwiegend aus dem 17. Jh. Besonders zu erwähnen ist das Vesperbild von Christoph Daniel Schenck (1684), die einzige signierte und datierte Plastik des Künstlers. Auch die übrigen Kunstwerke der Kirche sind sehenswert.

Vor der Dompropstei am Rhein steht der **Rheintorturm** mit seinem typischen vorkragenden Fachwerkgeschoss und hohen Pyramidendach, weiter links am Rheinsteig der kleinere **Pulverturm.** Von der ehemaligen **Befestigung** sind außerdem – mittlerweile verbaute – Reste in der Konradigasse, der Unteren und Oberen Laube sowie hinter der Bodanstraße erhalten. An Türmen steht außer den beiden erwähnten noch das **Schnetztor** mit seiner Zwingeranlage.

Bei der Dompropstei unterqueren wir die Konzilstraße und halten uns auf der anderen Seite rechts. Links steht das 1102 in der Petershausener Chronik erwähnte **Dominikanerkloster.** Es befindet sich auf einem Platz, bei dem Reste von Pfahlbauten und römischen Mauern auf frühe Besiedlungen hinweisen. Seine Kirche war größer als das Münster und gilt als eine der bedeutendsten Bettelordenskirchen aus dem 13. Jh. Die Dominikanermönche waren von 1236 bis 1785 bis auf eine Unterbrechung in der Reformationszeit (1529 bis 1549) hier ansässig. Heute noch findet man im ehemaligen Kirchenschiff Wandmalereien (14. Jh.). Die Historienbilder im Kreuzgang malte der Stuttgarter Akademieprofessor Carl von Häberlin von 1887 bis 1896. Hier lebte der Mönch Heinrich Seuse (Suso), einer der großen Dichter und Prediger des 14. Jh. Nach 1785 ist das Gebäude als Kattunfabrik genutzt worden. 1838 wurde hier Graf Zeppelin geboren. Heute dient die Anlage als Hotel. In dem kleinen Turm an der Ostseite wurde angeblich Johann Hus 1414/15 gefangen gehalten.

Danach halten wir uns links in den Stadtgarten und spazieren zurück zum Konzilgebäude bzw. Bahnhof oder Parkhaus.

Museen

Archäologisches Landesmuseum Baden-Württemberg, Außenstelle Konstanz, Benediktinerplatz 5, Telefon (0 75 31) 98 04-0

Bodensee-Naturmuseum, Sea-Life-Centre, Hafenstraße 9, Telefon (0 75 31) 9 00-9 15

Hus-Museum, Hussenstraße 64, Telefon (0 75 31) 2 90 42

Rosgartenmuseum, Rosgartenstraße 3–5, Telefon (0 75 31) 9 00-2 45 und 9 00-2 46

Städtische Wessenberg-Galerie, Wessenbergstraße 43, Telefon (0 75 31) 9 00-9 21 und 9 00-3 76

Mit sehenswertem Schloss

Langenargen

Auskunft

Tourist-Information Langenargen, Obere Seestraße 2/1, 88085 Langenargen, Telefon (0 75 43) 93 30-92, Fax 93 30-55 38, www.langenargen.de, E-Mail: touristinfo@langenargen.de

Besichtigung

Die barocke **Kirche** wurde 1718 bis 1720 unter den Grafen von Montfort erbaut und 1722 geweiht. Innen erblickt man schönen Stuck, einen prächtigen Hochaltar (Mitte 18. Jh.), eine spätgotische Madonna, sehenswerte Deckenfresken von Maulbertsch und schöne Seitenaltäre. Bemerkenswert sind noch das Triumphbogenkreuz (17. Jh.), die Holzkanzel (18. Jh.), der Taufstein und einige Skulpturen. In der Marienkapelle (1728) sieht man 15 beachtenswerte Rosenkranzmedaillons (Nachfolge Hans Zürn).

Im ummauerten Kirchhof steht die **Gottesackerkapelle Sankt Anna.** Sie besitzt Gemälde und Skulpturen sowie einen gotischen Wandtabernakel (1442). Das **Hospital Zum Heiligen Geist** wurde im 15. Jh. gegründet, 1716 bis 1718 unter Graf Anton von Montfort als barockes Spitalgebäude erbaut und diente einst Gebrechlichen als Zufluchtsort und Armenanstalt. Heute befindet sich hier ein Altenheim.

Das Schloss in Langenargen entstand in einer gotisch-maurischen Stilmischung.

Die frühere Insel war seit dem Mittelalter durch die Burganlage der Grafen von Montfort befestigt. 1647 wurde die Burg von den Schweden ausgeplündert und 1649 brannte sie aus. 1667 machten die Montforter sie wieder bewohnbar. Die Herrschaft gelangte 1780 an das Haus Habsburg, war später fünf Jahre der bayerischen Krone zugehörig und gelangte danach 1810 an Württemberg. Das **Schloss** wurde 1861 bis 1866 in einer gotisch-maurischen Stilmischung unter König Wilhelm I. und Thronfolger Karl als königlicher Sommersitz errichtet und diente dann 30 Jahre lang Prinzessin Luise von Preußen als Sommersitz. Das **Kavalierhaus** (ab 1866) am Rand des Schlossparks ist architektonisch auf das Schloss bezogen.

Das **Rathaus** stammt aus dem 17. Jh. Das historisierende **Zollhaus** am Hafen wurde 1823 als Korn- und Lagerhaus eingeschossig erbaut und 1855 um ein Stockwerk erhöht. Der **montfortische Amtshof,** Obere Seestraße 39 und 43,

Am Hafen steht das ehemalige Zollhaus.

entstand im 16. Jh. Der älteste Profanbau des Städtchens ist das **Alte Pfarrhaus,** Sankt-Anna-Straße 11, das im unteren Teil auf die Romanik zurückgeht. Sehenswert ist auch die **Getreide- und Sägemühle,** Lindauer Straße 86, mit gusseisernen Mühlrädern von 1882. Im **Münzhof,** heute kulturelles Zentrum, wurde ab 1621 eine Münzstätte betrieben. Das mächtige **Kaplaneihaus,** Friedhofstraße 6, entstand vermutlich in der Barockzeit und wurde klassizistisch umgewandelt. Im barocken **Pfarrhaus** am Marktplatz befindet sich heute das Museum.

Museum

Museum Langenargen, Marktplatz 20, Telefon (0 75 43) 34 10 und 22 00

Stadt mit jüdischer Tradition

Laupheim

Auskunft

Bürgermeisteramt Laupheim, Marktplatz 1, 88471 Laupheim, Telefon (0 73 92) 7 04-0, Fax 7 04-2 32, www.laupheim.de, E-Mail: stadt.laupheim@laupheim.de

Besichtigung

Die **Stadtpfarrkirche Sankt Peter und Paul** wurde ab 1623 von den Brüdern Albrecht und Martin Barbieri aus Roveredo im Barockstil mit manieristischem Einfluss erbaut. Sie ist mit Arbeiten des Bildhauers Dominikus Hermenegild Herberger (Kanzel) und des Malers Johann Georg Bergmüller geschmückt. Das **Pfarrhaus** entstand 1746/47 unter dem Prälaten der Benediktinerabtei Ochsenhausen.

Die **Leonhardskapelle,** eine einstige Wallfahrtskirche (1445), dient heute als Friedhofskapelle. Typisch ist die den Bau umgebende Hufeisenkette. Sehenswert sind die Stuckarbeiten von Joseph Magg (Ende 18. Jh.). An der Nordseite findet man eine Nachbildung des Heiligen Grabes, die 1611 nach einer Wallfahrt nach Palästina von Kaplan David Fugger angefügt wurde.

Das Schloss Großlaupheim ist eine ausgedehnte Anlage.

Blick auf die Peter-und-Paul-Kirche und das Pfarrhaus in Laupheim.

Der **Jüdische Friedhof** auf dem Judenberg ist mit einer mannshohen Ziegelmauer eingefasst. Auf ihm findet man über 1200 Grabstellen und 1000 Grabsteine, der älteste stammt von 1740.

Das ausgedehnte **Schloss Großlaupheim** besteht aus dem Alten Schloss, dem einstigen Amtsvogteigebäude und dem Neuen Schloss. Der Hauptbau ist das dreigeschossige Alte Schloss, das vier Ecktürme besitzt (um 1550). Das Neue Schloss, ein dreigeschossiger Hakenbau mit Arkaden, stammt aus dem Frühbarock (um 1660/80). Umgeben ist die große Anlage vom **Schlosspark** mit altem Baumbestand, Weihern und Wasserläufen. **Schloss Kleinlaupheim** wurde 1766/67 von Johann Georg Specht errichtet. Es ist ein dreigeschossiger Bau mit Mansarddach.

Museum

Schloss Großlaupheim, Museum zur Geschichte von Christen und Juden, Claus-Graf-Stauffenberg-Straße 15, Telefon (0 73 92) 9 68 00-0

Einladung zum ausgiebigen Stadtbummel

Leutkirch im Allgäu

Auskunft

Touristinfo Leutkirch, Marktstraße 32, 88299 Leutkirch im Allgäu, Telefon (0 75 61) 87-1 54, Fax 87-51 86, www.leutkirch.de, E-Mail: touristinfo@leutkirch.de

Besichtigung

Parkmöglichkeiten findet man in der Eschachstraße im Westen der Altstadt. Wir gehen zur Unteren Grabenstraße, überqueren den Kreisverkehr und gelangen etwas links davon bei der ehemaligen **Stadtmühle** durch den Durchgang zur Gerbergasse. Hier halten wir uns rechts. Gerbergasse 1 war der **Zehntstadel** des Spitals. Die **Dreifaltigkeitskirche,** Martin-Luther-Platz, ist die erste evangelische Hallenkirche (1613–1615) im württembergischen Allgäu. 1857 bis 1860 wurde sie neugotisch umgebaut. Interessant sind die Epitaphien (17. Jh.). Nun geht es durch die Kirchgasse bis zur blau gestrichenen **Gedächtniskirche** bei der querenden Marktstraße.

Nun gehen wir nach rechts zum Postplatz, dann links den Pflugberg hinauf zum **Pulverturm** (1693). Vor dem Turm halten wir uns kurz nach links, nach dem Turm links durch den Torbogen und hinab zur mit einer Zwiebelhaube geschmückten **Stadtpfarrkirche Sankt Martin.** Die dreischiffige gotische Hallenkirche wurde 1514 bis 1519 erbaut. Sehenswert sind das Netzrippen- und das Sternrippengewölbe mit schön ausgearbeiteten Schlusssteinen, der nördliche Seitenaltar mit einer spätgotischen Anna selbdritt (um 1485), vielleicht von Hans Multscher aus Ulm, einer Muttergottes-

Leutkirch vertikal: Kirchturm von Sankt Martin und Pulverturm.

Alte Gasse in Leutkirch, im Hintergrund der Bockturm.

figur sowie die Grabdenkmäler (16.–18. Jh.).

Bei der Kirche steht das **Pfarrhaus** mit einer alten **Friedhofskapelle.** Auf der Westseite des Marienplatzes sieht man ein **Fachwerkhaus,** daneben das **Mesnerhaus,** auf der Nordseite ein früheres **Kaplaneigebäude.** Das **Spital** (1418) war eine Schenkung eines Memminger Bürgers an die Stadt. Im 15. und 16. Jh. wurde es erweitert, im Untergeschoss entstand eine Kapelle.

Wir spazieren rechts neben dem früheren Schulhaus auf Stufen abwärts zur Marktstraße und zum **Martinsbrunnen.** Hier halten wir uns rechts, kommen zur **Stadtapotheke** und dann zum Marktplatz mit dem **Rathaus.** Dessen Vorgänger wurde 1407 erbaut. Das Haus enthielt einen Gerichtssaal und eine Laube, in der sich die Bürger zum Schwörtag versammelten. Im Erdgeschoss befand sich eine offene Markthalle. Das heutige, rot verputzte Haus (1740/41) ist mit Rokoko-Elementen verziert und besitzt Arkadengänge und einen Balkon, der mit einem kunstgeschmiedeten Gitter mit Stadtwappen versehen ist. Sehenswert ist der barocke Ratssaal mit Stuckarbeiten von Johann Schütz.

Das **Färberhaus,** Marktstraße 32, wurde 1542 erbaut. In der arkadengeschmückten **Stadtapotheke** wurde Barbara Walch-Künkelin als Tochter des Apothekers Agricola geboren. Sie war Frau des Bürgermeisters und Anführerin der »tapferen Weiber von Schorndorf«. Nach dem Rathaus gehen wir rechts hinauf. Das **Kanzleigebäude,** Gänsbühl 2, wurde 1485 errichtet und später an die Stadt verkauft. 1617 wurde es neu erbaut und diente dem Stadtschreiber als Wohnung, außerdem als Archiv.

Der aus dem Spätmittelalter stammende, hohe und schlanke **Bockturm** (Blaserturm) besitzt einen vorspringenden Erker. Vom Bockturm geht rechts die Schneegasse ab. Sie verlief entlang der Stadtmauer und zeigt einige typische alte Weberhäuser. Dahinter stößt man auf den **Jakobsbrunnen** und das 1617/18 von Jodokus und Franz Beer erstellte und nach der Säkularisierung aufgehobene **Frauenkloster.**

Nun gehen wir zurück zum Rathaus. Auf seiner Westseite hinter der Marktstraße beginnt die Kornhausstraße, in der das **Kornhaus** mit Fachwerk-Erker (um 1500) steht. Die **Goldene Cron / Goldene Krone** wurde 1600 bis 1632 von der Familie Furttenbach erbaut und diente ab 1784 als Wirtshaus. Unterhalb steht auf der anderen Seite der Bachstraße das **Kameralamt.** Es gehörte früher der Stadt und war Sitz des Stadtphysikus und des evangelischen Pfarrers. Ab 1803 war es bayerisches Rentamt, ab 1811 württembergisches Kameralamt, später Oberamtsgericht. Unterhalb des Kameralamts nehmen wir an dem **Fachwerkhaus** die rechts von ihm verlaufende Straße, die uns zur Gerbergasse und zurück zum Ausgangspunkt bringt.

Museen

Elektrotechnisches Museum, Eichenstraße 3, Telefon (0 75 61) 91 20 47

Museum im Bock, Am Gänsbühl 9, Telefon (0 75 61) 87-1 54

Schloss Zeil, Ehemaliges Stiftsgebäude, Telefon (0 75 61) 33 36

Leutkirch im Allgäu-Winterstetten, Historische Glashütte mit Museum Schmidsfelden, Telefon (0 75 61) 87-1 54 und 18 21 93

Historische Idylle auf einer Insel

Lindau

■ **Auskunft**

Lindau Tourismus und Kongress GmbH, Lennart-Bernadotte-Haus, Alfred-Nobel-Platz 1, 88131 Lindau, Telefon (0 83 82) 26 00-30, Fax 26 00-26, www.lindau-tourismus.de, E-Mail: info@lindau-tourismus.de

Im Lindauer Hafen herrscht immer ein lebhaftes Gewusel.

Besichtigung

Vom **Seeparkplatz** gehen wir auf dem Uferweg zur **Pulverschanze** (1614) am Westende der Insel . Der **Pulverturm** (1508) wurde im 16. Jh. in die Ummauerung einbezogen. Wir spazieren weiter am Ufer zum **Seehafen** (1811), der 1853 bis 1856 vergrößert wurde. Sehenswert sind der 33 m hohe

Neue Leuchtturm und der wuchtige **Alte Leuchtturm** (um 1200), der einst nur über den hölzernen Wehrgang erreichbar war. Das rosa Gebäude mit der Holztür und dem Schmiedegitter ist das **Finanzamt** (um 1900). Die frühmittelalterliche **Römerschanze** hat ihren Namen vom Fund römischer Münzen. Auf schmalem Zugang erreichen wir den 6 m hohen **bayerischen Löwen** (1856).

Am Ostende der Hafenanlage spazieren wir nach Norden zur Straße Brettermarkt. Das **Abel-Haus,** Nr. 7, diente Offizieren als Dienst- und Wohnhaus. **Nr. 9** wurde im 17. Jh. aus zwei Gebäuden erbaut. **Nr. 10** ist das frühere Offizierskasino. Wir halten uns in der Straße Brettermarkt rechts und gehen bis zum Barfüßerplatz mit dem **Stadttheater,** von 1250 bis 1280 Barfüßerkirche (Franziskanerkirche). Nördlich des Theaters verläuft die **Fischergasse** mit ihren teils sehr schmalen Häusern. Die meisten entstanden nach den Bränden von 1720 und 1728. Wir gehen vom Theater aus etwas nach rechts. Durch eine Passage zwischen den Häusern **Nr. 19** und **21** kommen wir zur **Gerberschanze** (17. Jh.).

Via Fischergasse spazieren wir zurück zum Theater, halten uns in der Linggstraße rechts und sehen den **Eichmeisterbrunnen.** Die Häuser in der Linggstraße stammen meist aus dem 15. und 16. Jh., **Haus Nr. 14** aus dem 14. Jh. Der **Linggbrunnen** wurde 1920 neben

Bei einem Bummel durch Lindau entdeckt man viele sehenswerte Häuser mit interessanten Baudetails.

dem später abgebrochenen Geburtshaus des Dichters Hermann Lingg errichtet. Am Stiftsplatz finden wir die früheren **Stiftsgebäude.** Die erste Anlage der 1466 gefürsteten Reichsabtei brannte 1728 ab; noch im 18. Jh. folgte ein Neubau.

Die **katholische Stiftskirche** wurde nach dem Stadtbrand von 1728 von Johann Caspar Bagnato 1748 bis 1752 im Barockstil neu errichtet. Die Stuckierung des Saals und der Altäre stammt wohl vom Wessobrunner Georg Gigl und von Andreas Bentele aus Lindau. Das Gemälde im Hochaltar schuf der Kemptener Hofmaler Franz Georg Hermann. Sehenswert sind das Taufbecken (1756), die geschnitzten Stuhlwangen, der spätbarocke Orgelprospekt und die Grabdenkmäler.

Gegenüber steht die **evangelische Pfarrkirche** (1506). Am Chor sieht man ein romanisches Skulpturfragment (um 1200) mit einen Seeungeheuer und einem menschlichen Kopf. Während die Vorhalle aus dem Rokoko stammt, ist das Innere schlicht. Die Kirche ist im Stil des Frühklassizismus gehalten und nur wenig in vornehmem Grün und Weiß stuckiert. Die Orgel besitzt ein 1783 geschnitztes Gehäuse. Der Altar, die Stuckmarmorkanzel und der Taufstein sind von 1781. Im Chor befinden sich sehenswerte Epitaphien (17. Jh.).

In der Mitte des Marktplatzes steht der prachtvolle **Neptunbrunnen** (1840). An der Westseite finden wir eines von Lindaus schönsten Häusern, das **Haus Zum Cavazzen.** Es ist vermutlich nach dem lombardischen Kaufmannsgeschlecht de Cavazzo benannt, das im 16. Jh. hier lebte. Südlich liegt der später erbaute **Kleine Cavazzen.** Am Marktplatz stehen nach den Bränden 1720 und 1728 großenteils neu erbaute Bürger- und Patrizierhäuser. Auf der Nordseite des Marktplatzes zieht die Schmiedgasse nach rechts. Hier steht das 1237 erwähnte **Heilig-Geist-Spital.** Das Gebäude wurde 1811 bis 1817 aus mehreren Häusern zur heutigen Vierflügelanlage umgebaut. Östlich finden wir die **Heidenmauer,** einen etwa 9 m hohen Turmstumpf.

Nun gehen wir die Schmiedgasse zurück, überqueren den Marktplatz und finden an dessen Westseite das **Haus Zum Baumgarten** mit seiner geschmückten Fassade (1728–1730). Die einstige **Hirschapotheke** aus dem 14. Jh. wurde im 17./18. Jh. umgebaut. Das **Haus Zum Feigenbaum** (Nr. 19) ist mit Zinnengiebel und Familienwappen (15.–19. Jh.) geschmückt.

Die **Maximilianstraße,** einst Hauptverkehrsader der Stadt, wurde im 12. Jh. angelegt und gilt als eine der bedeutendsten Straßenzeilen aus dem Mittelalter. Ihre repräsentativen Bürgerhäuser gehen zum Teil auf die Gotik (13./14. Jh.) zurück, stammen meist aber aus dem 16. und 17. Jh. Das vielleicht um 1350, sicher aber 1430 erwähnte **Haus Zum Sünfzen,** Nr. 1, war Trinkstube der 1380 gegründeten Sünfzen-Gesellschaft, einer Patrizier-Vereinigung. Die **Engelapotheke** stammt im Kern aus dem 15. Jh. Hier geht das malerische **Zitronengässle** ab. Am **Fachwerkhaus Nr. 6** (1586) und am **Haus Nr. 15** (15./16. Jh.) sehen wir Erker. Das dreigeschossige **Haus Zur Hoffnung,** Nr. 24, besitzt einen Laubengang (14. Jh., 18./19. Jh.). Das **Haus Zur Brodlaube** (14. Jh.), Nr. 26, ist das frühere Bäcker-Zunfthaus und besitzt wie das benachbarte **Haus Nr. 28** (1390) einen Laubengang. Zusammen mit Gebäude **Schafgasse 2** hat die malerische Häusergruppe viele Künstler inspiriert.

Von der Maximilianstraße gehen beidseits idyllische Gässchen ab. Schafgasse Nr. 2, **Haus Zum Pflug** (Ende 14. Jh.), besitzt einen Laubengang und Fachwerk-Erker. Nr. 3, das **Gasthaus Goldenes Lamm,** besteht im Kern aus sieben Häusern des 15. Jh. Nr. 4, **Gasthaus Zum Engel** (14. Jh.), zeigt einen Fachwerk-Erker. An Haus Nr. 10, **Hotel Peterhof,** sieht man einen romanischen Torbogen. **Bindergasse 10** ist ein schlossartiges Gebäude (15. Jh., später erneuert).

Das barocke **Neue Rathaus** am Bismarckplatz besitzt einen Volutengiebel. Es entstand 1706 bis 1717 und wurde 1885 umgebaut. Das **Alte Rathaus** stammt von 1422 bis 1436. Man hat es 1540 bis 1578 im Renaissancestil modernisiert. Der Volutengiebel (1885–1887) ist von Friedrich von Thiersch. Eine überdachte Treppe führt auf der Vorderseite zu einem Verkünderker (1578), von dem aus bis ins 19. Jh. Ankündigungen, Gesetze und Verordnungen verkündet wurden. Unter dem Erker lagen Arrestzellen. Außen sieht man Fresken (Zehn Gebote, Reichstag). Im Großen Ratssaal tagte 1496/97 der Reichstag.

Südlich liegt der Reichsplatz mit dem **Lindavia-Brunnen.** Hier verläuft nach links und rechts die **Ludwigstraße,** in der man vornehme Bauten mit Erkern (15.–17. Jh.) sieht. Man sollte der Straße nach beiden Seiten folgen, dann aber entlang des Rathauses zurück zur Maximilianstraße gehen. Das **Institut der Englischen Fräulein,** Nr. 3, wurde nach 1525 errichtet und 1720 teilweise erneuert. Im ehemaligen **Gasthaus Zur Krone,** Nr. 5 (16. Jh.), nächtigten fürstliche Gäste, beispielsweise Kaiser Maximilian I. (1496), Prinz Otto von Bayern (1829), der spätere Kaiser Napoleon III. (1830) und Kaiser Franz Joseph (1909). Auf der Flucht vor der 1848er-Revolution wohnten hier Richard Wagner und Lola Montez.

Das **Haus Zum Schiff,** Nr. 7, später Ratskeller, stammt aus dem 14. Jh. und wurde 1580/81 erneuert. Die **Kanzlei** (Mauthaus), Nr. 9 (15. Jh.), wurde 1616 erweitert. An die einstige Funktion erinnert das dahinter abgehende Mautgässle. Der ehemalige **Gasthof Zur Goldenen Gans** (14./15. Jh.), Nr. 13, besitzt gotisches Blendmaßwerk. **Haus Horber** (1420, um 1600), Nr. 14, besitzt einen Arkadenhof, einen Treppenturm und einen Erker (17. Jh.). Das **Haus Zum Commissari** (14. Jh.), Nr. 19, wurde Anfang des 17. Jh. aufgestockt. Der Renaissancebau zeigt einen Erker mit Zwiebelhaube.

Zurückgekehrt zur Maximilianstraße gehen wir links. Am westlichen Ende der Straße halten wir uns rechts in die Zeppelinstraße. Gleich biegen wir rechts in den Oberen Schrannenplatz ein. Der gotische **Diebs-** oder **Malefizturm** (Ende 14. Jh.) besitzt ein Dach aus bunt glasierten Ziegeln und einen Dachhelm mit Erkern. Am Unteren

Man sollte auch die vielen sehenswerten Details in der Altstadt beachten.

Schrannenplatz finden wir sehenswerte Häuser (16. bis 18. Jh.). Die Idylle veranlasste den Malerpoeten Carl Spitzweg, von den Gebäuden **Unterer Schrannenplatz 5–11** ein Bild zu malen. Das gotische Haus Nr. 6, **Zur Glocke** (16. Jh.), war das Wohnhaus der aus Nürnberg zugezogenen Glockengießerfamilie Ernst.

Nördlich davon steht die **Peterskirche** (um 1000), Lindaus älteste erhaltene Kirche. Der Turm wurde 1425 erbaut. Ihr bedeutendstes Kunstwerk ist die »Lindauer Passion« von Hans Holbein d. Ä. (1470 bis 1490). Das angebaute **Haus Nr. 3** ist die Glockengießhütte. Wir gehen von der Kirche aus rechts zum Paradiesplatz. Gleich links sollten wir das **Eckhaus** beachten. In **Haus Nr. 16** (1586) lebte die im 17. Jh. bedeutende Familie Heider.

Wir spazieren nach Norden zur Zwanzigerstraße, halten uns links, überqueren auf der Thierschbrücke die Eisenbahnlinie und kommen zurück zum Parkplatz.

Museum

Stadtmuseum, Marktplatz 6, Telefon (0 83 82) 94 40 73

Interessantes im Bodenseehinterland

Markdorf

Auskunft

Tourismusgemeinschaft Gehrenberg-Bodensee e. V., Marktstraße 1, 88677 Markdorf, Telefon (0 75 44) 5 00-2 94, Fax 5 00-2 89, www.gehrenberg-bodensee.de, E-Mail: info@gehrenberg-bodensee.de

Besichtigung

Die **katholische Pfarrkirche Sankt Nikolaus** stammt aus der Gotik (etwa 1370) und besitzt einen 68 m hohen, landschaftsprägenden Turm (vor 1300). Aus dem 15. Jh. haben sich Fresken erhalten. Sehenswert sind die Stuckarbeiten, der geschnitzte Hochaltar (1871), der Taufstein (um 1600), eine Pietà (17. Jh.), verschiedene Sandsteinskulpturen, lebensgroße Heiligenfiguren und die barocke Schutzmantelkapelle (1660). Außen sieht man zahlreiche Epitaphien. Bis 1802/03 bestand hier ein Chorherrenstift.

Das **Heilig-Geist-Spital** östlich vor den Mauern der Innenstadt geht auf das Mittelalter zurück (erste Erwähnung 15. Jh.) und besitzt Fresken aus dem 15. Jh. 1771 wurde es barockisiert. Die Geschichte der **Mauritiuskapelle** reicht bis etwa 1360 zurück. Der heutige Bau stammt aus dem 15. Jh. Die Kapelle war einst eine Pilgerstation am Jakobsweg. An sie schließt sich ein Park mit Weiher an. Die **Klosterkirche Sankt Peter und Paul** besitzt eine vollständig erhaltene Barockausstattung (1689–1700).

Teile der **Ummauerung** und einige **Türme** sind noch zu sehen. Der **Untertorturm** mit seinem romanischen Torbogen, den Sandsteinkapitellen und dem gotischen Staffelgiebel ist das älteste Gebäude Markdorfs und war einst das Haupteingangstor. Im Tordurchgang befinden sich Wappenscheiben, die auf die verschiedenen Ortsherren hinweisen. Am Vorbau, der im Anschluss an den Bauernkrieg von 1525 entstand, sieht man eine Fratze und die Jahreszahl 1534. Das fachwerkgeschmückte **Obertor** besitzt einen gedeckten Laubengang und einen alten Torbogen.

Stadteinwärts steht der **Scheublintisch,** der an die gleichnamige Fastnachtszeche und »Bruderschaft zum Scheublintisch« erinnert, die von 1488 bis 1800 bestand. Stadtauswärts steht die Sandsteinskulptur des **Stadtsoldaten** (16./17. Jh.). Der um 1250 mit gotischem Staffelgiebel versehene **Hexenturm** diente früher mit zwei Stockwerken als Bürgergefängnis. Die oberen Stockwerke werden heute als Handwerksmuseum genutzt.

Das mächtige **Alte Schloss** wurde 1510 vom Konstanzer Bischof Hugo von Hohenlandenberg als Bischofsschloss wieder aufgebaut. Es war der Sommersitz der Fürstbischöfe von Konstanz und der Amtssitz der fürstbischöflichen Obervögte. Bischof Franz Schenk von Stauffenberg (1704–1740) ließ an Stelle der alten Stadtmauer den spätbarocken **Langhausbau** errichten. Er diente zuerst dem Obervogt als Amtssitz. Die **Schlossscheuer** wurde 1737 erbaut.

Von den einst 18 **Klosterhöfen** in der Stadt sind noch fünf erhalten (Spitalstraße 3, 10, 13, Talstraße 12 und 9). Die **Alte Kaplanei** wurde 1471 von der Schutzmantelbruderschaft gestiftet. Auflage war, dass wöchentlich mehrere Messen gelesen wurden.

Das lang gestreckte Gebäude der **Mittleren Kaplanei** umfasste drei 1480 gestiftete Kaplaneien. Die **evangelische Kirche** wurde 1896/97 auf dem südöstlichen Eckpfeiler der alten Stadtmauer im Stil der Neugotik erbaut.

Der **Latschebrunnen** am Latscheplatz ist mit lebensgroßen Bronzefiguren geschmückt. Die »**Auen**« nordöstlich des Zentrums waren einst das Wohn- und Arbeitsvier-

Frühsommerliche Blütenpracht in Markdorf.

Das alte Stadttor führt ins Markdorfer Zentrum.

tel der Winzer. Es handelt sich um kleine Gässchen mit alten Häusern und einem Backhäuschen.

Weitere Sehenswürdigkeit

Auf dem nahegelegenen Gehrenberg steht der 1903 aus Eisen erbaute, 30 m hohe **Aussichtsturm,** einst Großherzog-Friedrich-Warte genannt.

Museum

Museum im Hexenturm, Schlossweg 9, Telefon (0 75 44) 40 77

Schlösser mit Blick auf den See

Meersburg

Auskunft

Meersburg Tourismus, Kirchstraße 4, 88709 Meersburg, Telefon (0 75 32) 4 40-4 00, Fax 4 40-40 40, www.meersburg.de, E-Mail: info@meersburg.de

Besichtigung

Wir können bei der Fähre parken, um die Stadt zu besichtigen. Dann spazieren wir durch die Unterstadtstraße oder auf der Seepromenade zum Hafen. Hier steht das rote **Grethaus** (1505), in dem früher Obst und Gemüse gehandelt wurden. Wir steigen auf der Treppe nach links hinauf zum Staatlichen Weingut, wobei wir einen schönen Blick hinab auf die Unterstadt und den See haben. Oben folgen wir

In Meersburg wird man auf Schritt und Tritt mit sehenswerten Bauten konfrontiert.

Das Alte Schloss in Meersburg thront in markanter Lage über dem Bodensee.

der Seminarstraße, dann halten wir uns links zum Obertor. Durch dieses gehen wir hinab ins Zentrum, wo wir etliche sehenswerte Häuser, das Alte Schloss und am Schlossplatz das Neue Schloss finden. Nach einem Bummel durch die alten Gassen und vielleicht einem Besuch in den Schlössern spazieren wir wieder hinab in die Unterstadt und nach rechts zurück zum Ausgangspunkt.

Das **Alte Schloss,** heute Museum, ist die älteste bewohnte Burg Deutschlands. Es war im frühen 13. Jh. im Besitz der Konstanzer Bischöfe und wurde nach 1526, als Konstanz evangelisch geworden war, ihre Residenz. Erst Fürstbischof Franz Konrad von Rodt siedelte in das Neue Schloss über. Die heutige Anlage wurde ab dem 14. Jh. erbaut. Nach der Säkularisation 1803 kam sie an das spätere Großherzogtum Baden, 1838 erwarb sie Joseph Freiherr von Laßberg. Bekannt geworden ist das Schloss auch als Wohnsitz der Dichterin Annette von Droste-Hülshoff, von der eine große, 1898 von Emil Stadelhofer geschaffene Büste vor dem Eingang steht. Sie wohnte ab 1841 immer wieder für längere Zeit bei ihrer Schwester Jenny und starb hier auch 1848. Kern der Anlage ist der Bergfried (Dagobertsturm). An der Ummauerung befinden sich vier runde Ecktürme. Die **Schlossmühle** (18. Jh.), Steigstraße 17, steht unterhalb im Zwinger. Ihr Rad besitzt einen Durchmesser von fast 8 m. Direkt unterhalb des Schlosses steht die 1390 gestiftete **Unterstadtkapelle.** Sie ist mit Fresken (16. Jh.) geschmückt und besitzt sehenswerte Altäre und Skulpturen aus verschiedenen Perioden.

Das ab 1710 erbaute **Neue Schloss,** einst rund 50 Jahre fürstbischöfliche Residenz, dient heute als Museum und Tagungsstätte. Es wurde unter den Bischöfen Johann Franz Schenk von Stauffenberg, Damian Hugo von Schönborn und Kardinal Franz Konrad von Rodt erbaut. Am Bau der Barockanlage waren Balthasar Neumann und Franz Anton Bagnato beteiligt. Im Zuge der Säkularisation 1803 gelangte es an das spätere Großherzogtum Baden. Vom Alten Schloss aus kommt man durch ein prachtvolles schmiedeeisernes Gartentor in den kleinen **Schlossgarten** (1712). Von hier aus hat man einen wunderbaren Blick auf das Alte Schloss, die Unterstadt und den See.

Auch die **Wirtschaftsgebäude** um das Schloss und der auf dem Terrain des Hofgartens angelegte **Reit- und Stallhof** – heute Staatsweingut – gehen auf Bagnato zurück (um 1760). Sehenswert ist vor allem das herrliche Treppenhaus mit dem riesigen Deckenfresko. Die **Schlosskirche** wurde 1741/43 nach einer Idee von Balthasar Neumann erbaut und von Joseph Anton Feuchtmayer und G. B. Goetz prunkvoll mit Stuckaturen und Malereien ausgestattet. Der um 1712 erbaute Pavillon war Teil der um 1740 abgebrochenen Orangerie. Rund 20 Jahre später wurde er im Stil des Rokoko ausgeschmückt und besitzt ein bemerkenswertes Deckengemälde.

Das **Fürstenhäusle,** Stettener Straße 13, liegt oberhalb der Durchgangsstraße außerhalb des historischen Zentrums. Es wurde im 17. Jh. als zweigeschossiges Weinberghaus von Fürstbischof J. Fugger erbaut. 1843 erwarb es die Dichterin Droste-Hülshoff. Sie hat nie darin gewohnt, sondern immer in der Burg, beobachtete allerdings von hier aus mit dem Fernglas die Stadt.

Die **evangelische Pfarrkirche** war früher die Schlosskapelle. Sie ist mit Stuckmarmor, Fresken und Figuren reich geschmückt. Das ehemalige **Priesterseminar** entstand ab 1725. Am Bau der **Seminarkirche** war auch Bagnato beteiligt. Sie besitzt eine herrliche Rokoko-Ausstattung mit Deckenfresken und Apostelbildern. Die **katholische Pfarrkirche Mariä Heimsuchung** stammt aus dem 19. Jh., besitzt aber ältere Ausstattungsstücke, darunter ein prächtiges Sandsteinepitaph. Ihr Glockenturm war im Mittelalter als

Wehrturm in die Stadtummauerung integriert.

Von der **Ummauerung** der Stadt sind noch Reste vorhanden, teilweise wurden sie überbaut. Sehenswert sind beispielsweise der Torturm des **Obertores,** das **Unterstadttor** mit dem **Haus Wilder Mann** und das **Vordere Seetor.** Das **Unterstadttor** ist das älteste erhaltene Tor der Stadt (vielleicht Mitte 13. Jh.). Das **Obertor** wurde 1442 erstmals erwähnt, 1477 eine städtische Uhr, die sich an ihm befand.

Das **Staffelgiebel-Rathaus** wurde ab Mitte des 16. Jh. errichtet und im 18. Jh. barockisiert. Daneben steht das **Falbentor.** Die **Hauptwache,** Schlossplatz 4, wurde ursprünglich 1763 von F. A. Bagnato erbaut. 1828 erwarb die Stadt das Gebäude und ließ es zwei Jahre später durch den klassizistischen Neubau ersetzen. Der Portikus stammt von 1841. Das **Rodt'sche Palais** wurde um 1700 von Fürstbischof Marquard Rudolf von Rodt als Stadtpalais erbaut. Die **Hofapotheke** wurde 1604 in das ehemalige Seelhaus (für arme Stadtbewohner) verlegt. Bürgermeister Matthias Rassler (1589–1646) ließ das **Hofkanzlerhaus** um 1625 erbauen. Über der Türe befindet sich das Wappen von ihm und seiner Frau. Im 18. Jh. war das Haus zeitweise Sitz der fürstbischöflichen Hofkanzlei.

Östlich des Neuen Schlosses wurde um 1720 das Viertel **Sentenhart** für die fürstbischöflichen Beamten und das Personal erbaut. Man findet in der Oberstadt zahlreiche **sehenswerte Wohn- und Wirtshäuser,** so dass man sich einfach ziellos durch die Gassen treiben lassen sollte. Beachten sollte man insbesondere die **Gasthäuser** bzw. **Hotels Zum Löwen, Zum Bären** und **Zum Wilden Mann.** Das **Hotel Zum Bären** ist die älteste Gaststätte der Stadt und wurde 1456 erstmals genannt. Im 17. und 18. Jh. war es vorübergehend die Thurn-und-Taxis'sche Poststation. Es dient auch als Versammlungslokal der auf das späte Mittelalter zurückgehenden Vereinigung »Gesellschaft der 101 Bürger«. Besonders idyllisch ist der Bereich um den Marktplatz und in der Steigstraße.

Museen

Bibelgalerie Meersburg, Kirchstraße 4, Telefon (0 75 32) 53 00

Burg Meersburg (Altes Schloss), Schlossplatz 10, Telefon (0 75 32) 80 00-0

Droste-Museum Fürstenhäusle, Stettener Straße 11, Telefon (0 75 32) 60 88

Galerie Bodenseekreis, Schlossplatz 13, Telefon (0 75 32) 49 41 29

Neues Schloss Meersburg und Städtische Galerie, Schlossplatz 12, Telefon (0 75 32) 4 40-40 12

Stadtmuseum, Kirchstraße 4, Telefon (0 75 32) 4 40-48 01

Weinbaumuseum, Vorburggasse 11, Telefon (0 75 32) 4 40-4 00

Zeppelinmuseum Meersburg, Schlossplatz 8, Telefon (0 75 32) 79 09

Bunte Häuser, Tore und Türme im Zentrum

Memmingen

Auskunft

Stadtinformation, Marktplatz 3, 87700 Memmingen, Telefon (0 83 31) 8 50-1 72 und 8 50-1 73, Fax 8 50-1 78, www.memmingen.de, E-Mail: info@memmingen.de

Besichtigung

Das **Steuerhaus** (1494/95) am Marktplatz besitzt einen offenen Laubengang. Seine heutige Form erhielt das Gebäude 1708, die bunte Bemalung im Rokokostil 1908. Das spätmittelalterliche **Rathaus** (1589) ist ein reich gegliederter Bau mit einer Rokokofassade (18. Jh.) mit geschweiftem Giebel und Ecktürmen. Das rote **Haus der Großzunft** gehörte ab 1453 der »Gesellschaft zum goldenen Löwen«. Es besitzt einen Volutengiebel und über dem Portal einen Balkon mit einem schmiedeeisernen Gitter (1742). An der Ecke Zangmeisterstraße steht das **Haus mit der »blauen Saul«** (15./16. Jh.). Gebäude Marktplatz 6, **Zum Hirsch,** stammt im Kern aus dem 16. Jh. Marktplatz 7, **Zollerhaus** (1467), besitzt einen Laubengang mit sechs Arkaden.

In der Kalchstraße sieht man Häuser aus dem 16. bis 18. Jh. Das **Fugger-Boos-Haus** (16. Jh.), Nr. 6, wurde auf einem älteren Haus errichtet. An der ehemaligen **Ele-**

Den schönsten Blick über Memmingen hat man vom Turm der Stadtpfarrkirche Sankt Martin.

Das Steuerhaus ist über und über mit bunter Fassadenmalerei geschmückt.

fantenapotheke (um 1560) stellt das Schild einen Elefanten dar. An **Gebäude Nr. 9** (16. Jh.) befindet sich ein Stück eines ehemaligen, aus Tuffstein gemauerten Turms aus der Welfenzeit (11./12. Jh.). Die erst gotische **Kreuzherrenkirche Sankt Peter und Paul** (1480–1484) wurde 1709 im Wessobrunner Stil stuckiert und ist heute profaniert. Der Kreuzherrnsaal ist mit Stuck geschmückt. Das **Gasthaus Zum Schwanen,** Nr. 27 (1560), besitzt einen Volutengiebel. Die ehemalige **Dreikönigskapelle,** Nr. 29 (1399, 1484 umgebaut) diente ab 1837 als Bräuhaus. Der Erker war einst der Turm der Kapelle. Der ehemalige **Salzstadel,** Salzstraße 1–5, entstand 1470 bis 1474.

Über den Marktplatz kommen wir in die Ulmer Straße. Links sehen wir das **Steigerhaus.** Das ehemalige Patrizierhaus **Fischmarkt 13** wurde auf staufischem Grund errichtet (16. Jh.) und von bedeutenden Bürgern wie Bürgermeistern oder dem Stadtphysikus bewohnt. Rechts steht die **Augustinerklosterkirche Sankt Johannes Baptist.** Das Kloster wurde im 13. Jh. gegründet und mit der Säkularisation aufgehoben. Das **Parishaus,** Ulmer Straße 9, ist ein fein gegliedertes Rokokogebäude (1736) mit zarten Stuckaturen. Heute ist hier die Max-Unold-Sammlung beheimatet.

Das **Grimmelhaus,** Ulmer Straße 19 (15./16. Jh.), besitzt vorkragende Obergeschosse und ist innen mit Bandelwerkstuck (um 1730) geschmückt. Hier betrieben die Herren von Grimmel einen Messinghammer. 1513 war Kaiser Maximilian I. zu Gast. Vorbei an kleinen Handwerkerhäusern kommen wir zum **Ulmer Tor** (1445). Es besitzt einen hohen Turm mit Satteldach und spitzbogige Durchfahrten. Daneben steht ein Rest des Wehrgangs. Die Bemalung erinnert an den Einzug Maximilians I.

Zurück zum Marktplatz biegen wir am Haus mit der »blauen Saul« rechts ab. An der Ecke Hermansgasse steht der **Hermansbau.** Das spätbarocke Stadtpalais, 1765/66 erbaut im Auftrag des reichen Patriziers Benedikt Freiherr von Herman, ist heute Stadtmuseum. Herman war ein in Venedig zu Vermögen gekommener Kaufmann. Er ließ das Haus im Stil venezianischer Rokokopaläste mit einer rosa getünchten Prunkfassade, schönem Innenhof und barockem Treppenhaus mit Deckenmalerei errichten.

Gegenüber in der Herrengasse finden wir die **Stadtkanzlei** (um 1582). Zurück zum Hermansbau biegen wir vor ihm links ab. Vorbei an der Stadtpfarrkirche kommen wir zum **Westertor** (12. Jh.). Nach seiner Zerstörung 1648 im Dreißigjährigen Krieg wurde es im Barockstil wieder aufgebaut. Etwa 50 m nördlich steht ein bewohntes **Zwingertürmle.** Vom Westertor aus gehen wir wieder etwas in Richtung Zentrum, biegen aber noch vor der Kirche rechts in den Martin-Luther-Platz ein. Hans Straler stiftete 1386 das blaue **Mesnerhaus,** Nr. 15. Das **Buxheimer Haus,** Nr. 7 (1531), wurde 1406 vom Kloster Buxheim gekauft und besitzt ein steinernes Klosterwappen (1724).

Die erste **Stadtpfarrkirche Sankt Martin** entstand wohl 926 auf dem Platz einer einstigen römischen Befestigung. In dem spätgotischen Bau (15. Jh.) sieht man viele Decken- und Wandmalereien. Sie gehören zu den Hauptwerken der Memminger Malschule und sind in Zusammenarbeit mit den Malern Hans Strigel d. Ä. und d. J. sowie Bernhard Strigel in der Spätgotik (15./16. Jh.) entstanden. Besonders sehenswert ist die Zangmeisterkapelle, an der Bernhard Strigel mitgewirkt hat (um 1510). Sehenswert sind noch der neugotische Hochaltar (1867), der rotmarmorne Taufstein (1524), die verzierte Barockkanzel (Johann Christoph Dittmar, 1699/1700) sowie das Chorgestühl von Ivo Strigel. Vom Turm aus hat man einen herrlichen Blick über die Stadt.

In Memmingen findet man noch zahlreiche Tortürme.

Auf der anderen Parkseite steht die ehemalige **Klosterkirche Sankt Antonius Eremita** (Kinderlehrkirche). Kirche und Kloster wurden an der Stelle errichtet, an der sich die ehemalige Burg Welfs VI. befand. Beide entstanden ab 1378, der Chor 1472, das Langhaus im 15. und 16. Jh. Die Kirche war bis 1562 die Hauskirche des Antoniterordens, danach evangelische Predigtkirche. Sehenswert sind die Schutzmantelmadonna (Bernhard Strigel, um 1500) und die Rokokogemälde von Elias Grimmel. Die Mönchskapelle wurde 1393 begonnen und von Bernhard Strigel mit Fresken ausgemalt (16. Jh.).

Jetzt gehen wir die Straße hoch. Links des Buxheimer Hauses steht das 1386 als Pfründnerhaus gestiftete **evangelisch-lutherische Pfarrhaus;** seit 1528 ist es Pfarrhaus. Nach ihm kommt das **Antonierhaus** (ehemals Kloster und Spitalgebäude). Das Antoniterkloster wurde zwischen 1191 und 1215 von Welf VI. gegründet. Über den Martin-Luther-Platz kommen wir zum Schweizerberg. Der im Auftrag von Jakob Fugger 1581 bis 1599 erstellte **Fuggerbau** ist eine stattliche Vierflügelanlage, die 1687 an die Stadt, 1793 an privat verkauft wurde. Das Haus sah mit Wallenstein (1630), Gustav Adolf (1632), dem schwedischen General Gustav Horn (1634) und Kurfürst Max Emanuel von Bayern (1703) illustre Gäste.

Die Hofgasse bringt uns zur Lindauer Straße. Vom **Lindauer Tor** steht nur noch der Turmfuß. Der aus dem 14. Jh. stammende Turm wurde 1647 beschädigt und ein Jahr später zum Teil wieder aufgebaut. 1734 hat man ihn im »Gartenhausstil« erneut errichtet. Davor steht das frühere **Zollhäuschen.** Wir gehen vom Tor etwas zurück und rechts in die Weberstraße. Die Straße mit den kleinen Weberhäuschen bringt uns zur früheren **Stadtmauer** und zum **Kempter Tor** (1393) mit einem kleinen Glockentürmchen und einem Vortor (1546).

Nach Osten entlang der Stadtmauer und durch das Nonnengässle kommen wir zur **Frauenkirche.** Die ursprünglich romanische, 1258 erstmals erwähnte Kirche ist vermutlich die älteste Kirche der Stadt. Sie wurde 1456 bis 1460 umgebaut und diente 1569 bis 1803/04 (mit Unterbrechungen) beiden Konfessionen. Berühmt sind die spätgotischen Fresken (um 1460/70, 16. Jh.; eventuell von Hans Strigel d. Ä. und d. J.), die Madonna (Ivo Strigel, um 1500) und das barocke Chorgestühl. Nach Norden, über den Bach, geradeaus durch die Häuser und links in die Vordere Gerbergasse gelangen wir zum **»Siebendächerhaus«** (1601), Gerberplatz, das Zunfthaus der Gerber. Das gestufte Satteldach war zu Zwecken der Lederverarbeitung geöffnet.

Vor dem »Siebendächerhaus« gehen wir nach links und durch die Lindentorstraße zum Schrannenplatz mit dem **Fischerbrunnen.** Nach rechts am Bach entlang durch die Obere Bachgasse kommen wir zur Roter Gasse mit dem **Roter Haus** (1606), 1323 bis 1802 Stadthaus des Klosters Rot an der Rot. Am folgenden Weinmarkt stehen die **Zunfthäuser** der Krämer **(Nr. 15),** Bäcker, Metzger **(Nr. 10),** Merzler (Kurzwarenhändler, **Nr. 6/8),** Schuhmacher, Zimmerleute **(Nr. 3)** und Weber **(Nr. 2),** der Schneider, Gerber, Schmiede, Lodner und Stadtadligen. Besonders schön sind das Fachwerkhaus der Weberzunft **(Nr. 2),** die es 1478 erwarb, und das Haus der Kramerzunft **(Nr. 15).** Erst gehörte es der Malerfamilie Strigel und wurde von den Künstlern Konrad Menger, Hans und Ivo Strigel bewohnt.

Museen

Kreuzherrnsaal (früherer Kirchenraum des Heilig-Geist-Klosters), Hallhof 5

Max-Unold-Sammlung, Parishaus, Ulmer Straße 9, Telefon (0 83 31) 32 37

MEWO Kunsthalle, Bahnhofstraße 1, Telefon (0 83 31) 8 50-7 71

Museen im Antonierhaus, Strigel-Museum, Antoniter-Museum, Martin-Luther-Platz 1, Telefon (0 83 31) 8 50-2 46

Stadtmuseum im Hermansbau, Heimatmuseum Freudenthal/Altvater, Johann-Heiß-Galerie, Zangmeisterstraße 8 (Eingang Hermansgasse), Telefon (0 83 31) 8 50-1 34

Malerische Winkel prägen das Bild

Mengen

Ein Erker – eines der vielen sehenswerten Details in Mengen.

Auskunft

Stadtverwaltung Mengen, Hauptstraße 90, 88512 Mengen, Telefon (07572) 607-0, Fax 607-710, www.mengen.de, E-Mail: info@mengen.de

Besichtigung

Die **Martinskirche** wurde 1275 erstmals erwähnt, wobei ihr Turm wohl schon ums Jahr 1000 stand. Man vermutet, dass sie eine Eigen-(Privat-)kirche für die Zinsleute der Herrschaft war, denen die »Kazede« (»Kazet«) gehörte und die das Patronat über diese Kirche besaßen. Sehenswert sind die Deckenfresken (1740), die Ölbergkapelle mit lebensgroßen Tonfiguren (16. Jh.), die Tonfigur des heiligen Blasius (um 1500), die spätgotische Marienfigur im Chor, das Tafelbild Maria mit Heiligen (1522) sowie Epitaphien (16./17. Jh.).

Die heute barocke **Liebfrauenkirche** tauchte 1290 urkundlich auf. Sie besitzt Freskenreste (14. Jh.), einen Hochaltar von etwa 1670, Seitenaltäre aus der Neurenaissance (1881/82), an der Empore ein Gemälde von 1528 und Holzskulpturen (15.–17. Jh.). Der Mittelpunkt des ältesten Teils der Stadt war die so genannte **»Kazede«.** An sie schließt an der östlichen Stadtmauer der »Wendelstein« mit der Martinskirche, der Grabenmühle, zahlreichen Bauern- und Handwerkerhäusern sowie Feldern, Wäldern und einem Fischwasser an.

Der vierstöckige **Alte Fuchs** wurde der Sage nach im Jahre 1276 vom Grafen Albrecht von Kiburg erbaut, dem ältesten Sohn König Rudolfs von Habsburg. Dieser hatte ihm und seiner Frau die Stadt als persönliches Eigentum übertragen. Das Haus ist in die Stadtmauer einbezogen und wurde rund 8 m hoch aus Bruchsteinen erbaut.

Als **Tal Josaphat** wird ein großer Innenhof im 1819 wieder aufgebauten Stadtteil bezeichnet. Das »richtige« Tal Josaphat liegt bei Jerusalem zwischen Tempel und Ölberg. Welche Bedeutung diese Bezeichnung in Mengen hat, ist unbekannt. Von der **Stadtmauer** sind noch geringe Reste erhalten. So führt der heutige Weg »Um den Graben« über die tiefste Stelle des eingeebneten Stadtgrabens. Innerhalb des Grabens stand die rund 1150 m lange Stadtmauer.

Blick zum Kirchturm der Mengener Liebfrauenkirche.

Gehörte einst zu Vorderösterreich

Munderkingen

Auskunft

Stadtverwaltung, Marktstraße 1, 89597 Munderkingen, Telefon (0 73 93) 5 98-1 01, Fax 5 98-1 30, www.munderkingen.de, E-Mail: rathaus@munderkingen.de

Besichtigung

Munderkingen war bis 1805 eine der fünf vorderösterreichischen Donaustädte und zeigt heute noch eine mittelalterlich wirkende Altstadt. Das **Rathaus** (1563) besitzt

In Munderkingens Gotteshäusern kann man herausragende Kunstwerke bewundern.

Sommerlich geschmückter Marktbrunnen.

einen repräsentativen Renaissance-Staffelgiebel. Daneben steht der mit Fachwerk geschmückte **Zwiefalter Hof.** Der **Marktbrunnen** mit dem Löwen stammt von Leonhard Baumhauer (1570). Die **Stadtpfarrkirche Sankt Dionysius** (12. Jh.) wurde um 1500 gotisiert. Der Chorraum wurde um 1730 im Stil des Barock gestaltet. Sehenswert sind der Passionsaltar (1473), der Schutzmantelchristus (um 1510), das Chorgestühl und die vier barocken Nebenaltäre.

Der benachbarte, schlossähnliche **Pfarrhof des Klosters Obermarchtal** mit Zehntscheuer ist ein dreigeschossiger Bau aus dem Hochbarock (1706/07) mit vorspringenden Flügelbauten. In der **Marienkapelle** auf dem Friedhof sieht man ein Fresko mit der heiligen Elisabeth (um 1340/50) und spätgotische Heiligenfiguren. Der Hochaltar entstand etwa 1700.

Weitere Sehenswürdigkeit

Die um 1720 im Barock erbaute **Wallfahrtskirche Frauenberg** außerhalb des Zentrums besitzt ein Gnadenbild der Schmerzhaften Muttergottes (15. Jh.) und ein Rosenkranzbild (1698). Das »Schlangenbild« erzählt von einer Wunderheilung.

Museum

Städtisches Museum, Heilig-Geist-Spital, Schulhof 1, Telefon (0 73 93) 28 56 und 15 68

Bestimmt von der Basilika

Ottobeuren

Auskunft

Touristikamt Kur & Kultur, Marktplatz 14, 87724 Ottobeuren, Telefon (0 83 32) 92 19-50, Fax 92 19-92, www.ottobeuren.de, E-Mail: touristikamt@ottobeuren.de

Besichtigung

Die berühmte **Benediktinerabtei** wurde 764 gegründet und war bis zur Säkularisation 1802 reichsunmittelbar. Danach kam sie an Bayern. 1834 wurde sie ein unabhängiges Priorat und 1918 wieder Abtei. Das Hauptgebäude besitzt eine Größe von 140 mal 125 m und schließt drei Innenhöfe ein, die Mittelachse ist die Basilika.

Die 1711 bis 1734 auf der Grundlage von Plänen des Paters Christoph Vogt erbauten umfangreichen Klostergebäude sind klar gegliedert, besonders das Konventgebäude. Nicht umsonst trägt das Kloster auch den Beinamen »schwäbischer Escorial«. Die Bauten sind im Wesentlichen das Werk von Abt Rupert II. Neß von Wangen, der hier 1710 bis 1740 amtierte. Von ihm wurde einst geschrieben: »So lange er regierte, bauete er, und zwar alles meistentheils, wie man zu sagen pflegt, im großen Stil.«

An der 1737 bis 1766 errichteten **Basilika Sankt Alexander und Sankt Theodor** haben bedeutende

Die Basilika der Benediktinerabtei in Ottobeuren besitzt eine prächtige Fassade.

Alles bestens erhalten: die prächtigen Gebäude der Klosteranlage.

Baumeister mitgewirkt. Es sollen nur die Maler Johann Jakob Zeiller und Franz Anton Zeiller, der Stuckateur Johann Michael Feuchtmayer oder der Bildhauer Joseph Christian genannt sein. Die Künstler haben bedeutende Einzelkunstwerke im Rokokostil geschaffen, auch die farbliche Gestaltung des Innenraums ist überaus gelungen. Beachtenswert ist das herrliche **Chorgestühl,** das ab 1760 von Martin Hermann erbaut wurde; die vergoldeten Reliefs aus Lindenholz stammen von Johann Joseph Christian. Außergewöhnlich sind auch die beiden von Karl Joseph Riepp geschaffenen Orgeln. Sie zählen nicht nur zu den schönsten, sondern auch zu den bestklingenden Deutschlands.

Die **Marienorgel** im nördlichen Teil der Kirche wurde 1957 vollendet. Auch die **Sakristeischränke** von Philipp Fröhlich (1769) und die **Ornatschränke** in der äußeren Sakristei sind sehenswert. Im reichen **Kirchenschatz** findet man u. a. eine Monstranz von 1712, einen Pastoralstab von 1734, ein Kapitelkreuz von 1741, einen romanischen Ulrichskelch und einen silbernen Ursulaschrein von 1578.

Im **Hauptgebäude** befindet sich auch die Bibliothek, die u. a. 15 000 in Schweinsleder gebundene Bücher enthält. Hier findet man auch die **Benediktuskapelle,** darüber liegt die **Abt-Kapelle,** die beide mit Gemälden von Jacopo Amigoni ausgestattet sind. Außerdem befinden sich hier das **Klostertheater**, der prunkvolle **Kaisersaal** mit 16 Statuen der Habsburger Kaiser, der **Kapitelsaal** und der 140 m lange **Kreuzgang,** dessen Stuck von Johann Baptist Zimmermann und Christoph Schäffler stammt. Insgesamt weist der Bau 250 Zimmer, 20 Säle, sieben Treppenhäuser und fünf prachtvolle Aufgänge auf.

Mit malerischen Fachwerkhäusern

Pfullendorf

Auskunft

Ferienregion Nördlicher Bodensee, Tourist-Information, Kirchplatz 1, 88630 Pfullendorf, Telefon (0 75 52) 25 11 31, Fax 93 11 30, www.pfullendorf.de, E-Mail: tourist-information@stadt-pfullendorf.de

Besichtigung

Wir parken beim Friedhof oberhalb des **Oberen Tors,** einer Doppeltoranlage mit einem 38 m hohen Beobachtungsturm. Am Vortor sieht man über dem Torbogen zwischen zwei Rundtürmchen eine Kreu-

zigungsgruppe, darunter das von zwei »wilden Männern« gehaltene Reichsstadtwappen (16. Jh.). Wir gehen durch das Tor und halten uns gleich rechts in die Pfarrhofstraße. Rechts steht der aus einer Brauerei hervorgegangene **Alte Löwe,** der heute die städtische Galerie beherbergt.

Etwas tiefer kommen wir zur früheren **Stadtkasse.** Das Haus war 1608 Eigentum des Pflegers des Königsbronner Hofes und ging 1650 an die Stadt über, die es als Stadtkasse nutzte. Unterhalb sehen wir das **Schoberhaus** oder **Alte Haus.** Es wurde 1317 als alemannischer Hochständerbau errichtet. Interessant sind die von allen vier Seiten strahlenförmig auf die Mitte des Hauses zulaufenden Balken. Dort hatte eine Art Sandkasten die Aufgabe, das Gleichgewicht zu erhalten. Gegenüber steht ein **Fachwerkhaus** (15. Jh.) mit gemauertem Sockel, vorkragendem Obergeschoss und Walmdach.

Abwärts spazieren wir zur Bücherei, die 1515 als **Spitäl'sche Zehntscheuer** erbaut wurde, danach zu einem Fachwerkhaus, das als **Erzbischöfliches Pfarramt** bezeichnet wird. Unterhalb steht das ehemalige **Haus der Franziskanerinnen.** Nun gehen wir zur **Stadtpfarrkirche Sankt Jakob,** die 1480/81 als gotische Pfeilerbasilika vom Salemer Baumeister Hans Saphoi erbaut wurde. 1750 wurde sie barockisiert, wobei das spätgotische Äußere mit dem maßwerkgeschmückten Westportal erhalten blieb. Sie besitzt eine reiche Stuckausstattung und Fresken von Meinrad von Ow. Beeindruckend ist das mächtige Altarretabel von 1717.

Vor der Kirche halten wir uns links und gehen auf Stufen hinab zur Hauptstraße. Wir wenden uns

Das Schoberhaus in Pfullendorf gehört zu den ältesten Fachwerkbauten der Gegend.

rechts und kommen zum **Rathaus** (1524). Es wurde von Franz Anton Bagnato um 1785 erweitert. Im historischen Rathaussaal ist ein Glasbilderzyklus aus der Frührenaissance (1524) mit Wappenscheiben zu sehen. Auf der anderen Seite der Hauptstraße entdecken wir in der Rossmarktgasse weitere schöne Fachwerkhäuser. Durch die Metzgergasse erreichen wir das **Bindhaus,** ein Fachwerkhaus von 1499 mit Krüppelwalmdach und drei Dachgeschossen, in dem sich heute das Heimat- und Handwerksmuseum befindet.

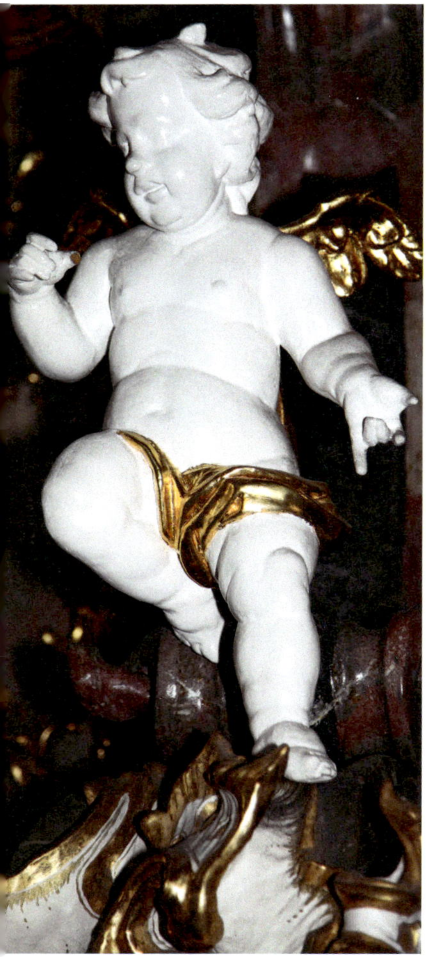

In der Stadtpfarrkirche Sankt Jakob wimmelt es von Putten.

Zurück zum Ausgangspunkt gehen wir die Hauptstraße hinauf, vorbei an weiteren schmucken Fachwerkhäusern.

Weitere Sehenswürdigkeiten

Die frühere **Spitalkirche** stammt von 1504. Das Heilig-Geist-Spital gehörte zu den reichsten in Süddeutschland. Die Ausstattung stammt von Anfang des 16. Jh., darunter das von Bernhard Strigel geschaffene Bild mit dem Marientod.

Die **Wallfahrtskirche Maria Schray** an der Straße nach Mengen wurde bis auf den spätgotischen Chor 1656 bis 1666 erbaut. Ihre Vorgängerin (1476) fiel 1632 großteils einem Brand zum Opfer. Die Ausstattung stammt von Meinrad von Au und Johann Jakob Schwarzmann. Besonders sehenswert sind die Fresken.

Museum

Heimat- und Handwerksmuseum Bindhaus, Metzgergasse 8, Telefon (0 75 52) 88 39 oder 15 50

Bodenseestadt mit mächtigem Münster

Radolfzell

Auskunft

Tourist-Information, Bahnhofplatz 2, 78315 Radolfzell, Telefon (0 77 32) 81-5 00, Fax 81-5 10, www.radolfzell.de, E-Mail: touristinfo@radolfzell.de

Besichtigung

Das **Münster** geht auf das 9. Jh. zurück, der heutige Bau wurde 1436 bis etwa 1520 errichtet. Innen ist es reich mit Altären ausgestattet. Sehenswert sind auch die Hausherrenkapelle, die Deckengemälde, das Chorgestühl (um 1330), das perspektivische Gitter am Eingang (1699), das Hochgrab (1538), die Ölbergfiguren (1530), die Kreuzigungsgruppe (um 1700) und Grabmäler von Bürgern und Rittern. Das 1344 erwähnte **Heilig-Geist-Spital,** Seestraße 46, dient als Altenheim. Die gotische Kapelle stammt aus dem 16. Jh., Altar und Kreuzwegstation sind von etwa 1720/30, das Sandsteinrelief von 1615.

Das **Pfarrhaus,** Marktplatz 7, wurde 1740/41 von Johann Caspar Bagnato erbaut. An der Südseite des Kirchhofs sieht man mehrere **Häuser der Chorherren,** die zum Teil auf das Mittelalter zurückgehen. Das mächtige **alte Amtshaus der Dompropstei Konstanz,** Kaufhausstraße 1, ist das älteste Fachwerkhaus der Stadt. Das **neue Amtshaus,** Seestraße 27, stammt aus dem Barock. Das **Amtshaus der Abteien Peterhausen und Stein am Rhein (Alte Forstei),** Seestraße 67, wurde 1619 erbaut. Die ehemalige **Ummauerung** ist teilweise noch in Hauswänden er-

Schmuckfigur an einer Hausecke in Radolfzell.

halten. An der Südseite des Stadtgartens steht der **Pulverturm,** an der Nordseite der **Höllturm.** In der Schützenstraße im Zentrum findet man den **Schützenturm.**

Das **Hotel Krone** mit seinem Mansarddach wurde aus zwei Häusern zusammengebaut. Der Zwerchgiebel besitzt geschnitzte Voluten, besonders schön ist der Barockgiebel auf der Ostseite. Das ehemalige **Gasthaus Goldener Engel** geht auf das Jahr 1537 zurück. Das **Eglofsche Haus,** 1608 im Barockstil erbaut, war erst Sitz des Geschlechts Egloff von Zell, später Korn- und Haberhaus und im 17. Jh. Münzschmiede. Das erste **Rathaus** wurde 1421 als Rat- und Kornhaus erbaut. Das 1847/48 an-

Das Österreichische Schlösschen nebst dem Radolfzeller Münster.

stelle des Vorgängergebäudes im Stil der Neorenaissance errichtete Bauwerk besitzt einen Ratssaal mit Wandgemälden.

Die **Burg,** Hinter der Burg 3, ist ein mächtiges Steinhaus, das klassizistisch umgebaut wurde. Erzherzog Leopold ließ das **Österreichische Schlösschen,** Marktplatz 8, 1618 bis 1621 im Renaissancestil erbauen. 1735 wurde es kurzzeitig zum Rathaus umgestaltet. Es besitzt ein wappengeschmücktes Renaissanceportal und ein Kreuzgratgewölbe im Erdgeschoss. Das **Ritterschaftshaus,** Seetorstraße 5, geht auf die Zeit um 1500 zurück. Von 1609 bis 1805 war es Versammlungsort der Hegauritterschaft.

Die **Untere Hölle,** Höllstraße 17, ist ein Staffelgiebelhaus aus dem 16. Jh. Als vermutlich ältestes Steinhaus der Stadt (13./14. Jh.) gilt das gegenüberliegende **Hohe Haus/Fürstenberger Torkel.** An der alten Fruchtschütte sieht man das Wappen der Fürstenberger. Das Staffelgiebelhaus diente 1602 bis 1803 den Fürstenbergern als Torkel.

Das **Patrizierhaus,** Poststraße 5, geht auf das 16. Jh. zurück. Es besitzt einen Renaissance-Erker und ein schönes Portal. Die **Stadtapotheke,** Seetorstraße 3, wurde 1689 erbaut. Das Gebäude, in dem sich das Stadtmuseum befindet, besitzt einen schönen Erker.

Der **Griene Winkel** war im 18. Jh. Wohnort der Fischer und Bauern. Seinen Namen hat er von dem Kies und Geröll des Seeufers, das einst bis hierher reichte. Man kommt durch den Südausgang des Stadtgartens dorthin. Der **Stadtgarten** wurde 1923/24 im früheren Stadtgraben angelegt.

■ Museum

Stadtmuseum Radolfzell in der alten Stadtapotheke, Seetorstraße 3, Telefon (0 77 32) 8 11 66

Stadt zu Füßen der Welfenburg

Ravensburg

Auskunft

Tourist Information, Kirchstraße 16, 88212 Ravensburg, Telefon (07 51) 82-8 00, Fax 82-4 66, www.ravensburg.de, E-Mail: tourist-info@ravensburg.de

Besichtigung

Die Stadtbesichtigung beginnt beim Rathaus. Die **Ummauerung** wurde ursprünglich im 12. Jh. errichtet. Heute sind noch fast alle Tore und Türme erhalten, so das

Ravensburgs Marienplatz mit Rathaus, Waaghaus und Blaserturm.

Frauentor, der Gemalte Turm, der Grüne Turm, der Mehlsack, das Obertor, der Schellenberger Turm, der Spitalturm, das Untertor und der Wehrturm am Gänsbühl. Das ursprünglich spätgotische **Rathaus** (1386) besitzt einen prunkvollen Renaissance-Erker (1571). Früher befanden sich im Erdgeschoss Arkaden zur Straße hin, unter denen das kaiserliche Landgericht und das Stadtgericht tagten. Auch gab es

ab dem 17. Jh. hier einen Bierausschank. 1876 wurde das Haus im neugotischen Stil umgebaut.

Der nach einem Einsturz 1552 in den Jahren 1553 bis 1556 im Renaissancestil neu erbaute **Blaserturm** ist zum Rathaus hin merkwürdig platziert. Der Grund: Hier verlief wohl einst die Ummauerung. Zusammen mit dem Mehlsack ist der Blaserturm eines der beiden Wahrzeichen der Stadt. Über dem Eingangsportal an der Westseite sieht man ein reichsstädtisches Wappen und eine Tafel mit einem Gedicht über den Einsturz des Turms. Das früher auch Kaufhaus genannte **Waaghaus** (1498) mit dem hohem Staffelgiebel ist an den Blaserturm angebaut. Im ersten Stock tätigten einst fremde Händler ihre Geschäfte. Ab dem 17. Jh. bis 1802 war hier der Schwörsaal der Bürger, in dem die gewählten Amtsträger ihren Diensteid ablegten und die Bürgerschaft der Obrigkeit Gehorsam schwor.

Nun spazieren wir über den Marienplatz. Er teilt die Altstadt in einen älteren Teil im Osten und einen neueren im Westen. Das **Lederhaus** (um 1400) gegenüber von Waag- und Rathaus wurde 1513/14 vergrößert und 1574/75 im Renaissancestil mit Grisaillemalereien und Giebelverzierungen verschönert. Es diente den mit Leder arbeitenden Handwerkern wie Schustern, Sattlern, Gerbern, Kürschnern und Gürtlern als Markthaus. Dahinter in der Bachstraße steht das **Seelhaus.**

Blick von der Veitsburg über den Mehlsack auf die Innenstadt.

Frick Holbain stiftete es 1408 zur Aufnahme von Kranken und Pilgern.

In der Bachstraße gehen wir hinab bis zum 36 m hohen **Untertor.** Es wurde 1363 als Teil der Stadtbefestigung errichtet und besitzt einen Staffelgiebel (14. Jh.). Bei der Stadterweiterung um 1350 hat man es bis zum dritten Geschoss aufgebaut, die restlichen Stockwerke stammen von 1525. Es hat eine Pechnase zur Verteidigung gegen Feinde. Auf der Südseite sieht man das Törlein, das auf den hölzernen Wehrgang führte.

Südlich steht das 1287 erstmals erwähnte **Heilig-Geist-Spital,** das heutige Krankenhaus. Im Untergeschoss befindet sich die **Spitalskapelle.** Sie wurde 1498 geweiht und besitzt eine seltene Gewölbekonstruktion mit einer Mittelsäule. In der Kapelle befinden sich eine spätgotische Madonnenskulptur und ein Wandgemälde (um 1520). Nun geht man die Olgastraße nach links, vorbei an den Resten der **Stadtmauer,** bis zum 1350 erbauten **Spitalturm.** Der 39 m hohe Turm endete oben in vier Staffelgiebeln, die 1725 durch ein spitzes Zeltdach ersetzt wurden. Nun gehen wir nach links durch den Hirschgraben. Nach der Weinbergstraße steht ein halbrunder **Wehrturm** (16. Jh.). Wir stoßen wieder auf den Marienplatz. Hier am oberen Ende befand sich einst das **Kästlinstor.**

Seine Steine verwendete man 1842 bis 1844 zum Bau der **evangelischen Stadtkirche.** Sie wurde für die Karmeliter erbaut und 1349 geweiht. Das heutige Gebäude, eine flach gedeckte gotische Pfeilerbasilika, weist mit ihren einfachen Formen und den Holzbalken die Merkmale einer Bettelordenskirche auf. Nach der Reformation hat man das Innere in zwei Teile gegliedert: Der Chor blieb bis 1806 den Mönchen vorbehalten, das Langhaus durften ab 1549 die Protestanten nutzen. Ab 1806 gehörte die Kirche ganz der evangelischen Gemeinde. Die Sankt-Anna-Kapelle (1508) besitzt ein Sternrippengewölbe, schöne Gewölbekonsolen und Schlusssteine, in der Mötteli-Kapelle (1448) sieht man ein einfaches Kreuzrippengewölbe.

An die Nordseite des Chors ist die über eine kleine Treppe erreichbare, 1452 gestiftete Kapelle der Großen Ravensburger Handelsgesellschaft angebaut. Sie ist mit vier Glasfenstern aus der Spätgotik (um 1445) und prachtvollen Grabdenkmälern von Patriziern (15.–18. Jh.) geschmückt. Der Grabstein des 1429 gestorbenen Henggi Humpis ist das älteste Epitaph eines Kaufmanns in Deutschland. Im Osten der Kirche sieht man teilweise erhaltene Wandfresken (14. / 15. Jh.).

In den ehemaligen **Klostergebäuden** der Karmeliter von 1344 sitzt heute das Landgericht. Wenn wir noch etwas stadteinwärts gehen, kommen wir zum **Kornhaus.** Es wurde 1375 zum ersten Mal erwähnt, 1451 neu erbaut und erhielt 1618 seine heutige Gestalt. Bis etwa 1900 war es einer der wichtigsten Getreidehandelsplätze in Oberschwaben. Auf der Nord- und Südseite befinden sich spätgotische Rundbogenfriese.

Vor dem Kornhaus spazieren wir rechts durch die Burgstraße hoch bis zu ihrem Linksknick. Hier steigen wir auf Stufen nach rechts hoch zum **Mehlsack.** Der 51 m hohe Turm mit der Zinnenkrone ist ein Wahrzeichen Ravensburgs. Er wurde 1425 bis 1429 erbaut und sollte den Bürgern zur Überwachung der Veitsburg, 1274 bis 1647 Sitz des Reichslandvogtes von Schwaben, dienen. Der Vogt sicherte die Interessen des Königs, also des politischen Gegners der Freien Reichsstadt. Turmbesteigungen sind von 1. April bis 1. November sonntags zwischen 10 und 15 Uhr möglich.

In dem sich entlang der Treppe zur Marktstraße hinabziehenden lang gestreckten Gebäude befand sich ein **Franziskanerinnenkloster,** das älteste Kloster der Stadt. Es wurde im 13. Jh. erbaut, im 18. Jh.

umgebaut und 1806 aufgehoben. Wir gehen etwas hinab und dann nach rechts zum 42 m hohen **Obertor,** dem vermutlich ältesten Stadttor. Es wurde im 15. Jh. erneuert. Im Giebel befindet sich das »Armesünderglöcklein«, das früher bei Hinrichtungen läutete.

Vom Obertor aus gehen wir durch die Marktstraße abwärts. Diese ist der älteste Marktplatz Ravensburgs. Hier sieht man zahlreiche Patrizierhäuser. Nach rechts können wir durch die Mohrengasse einen Abstecher zu Resten der **Stadtmauer** und zum **Runden Turm** (Wehrturm am Gänsbühl) aus dem 15. Jh. machen. Er wurde als Zweidrittelrondell erbaut, um die Stadt vor den »moderneren« Angriffswaffen der Artillerie zu schützen. Deshalb besitzt er auch breite Schießscharten für Kanonen. Dahinter steht der **Schellenberger Turm** (13. Jh.).

Nun gehen wir zurück zur Marktstraße und folgen ihr abwärts. Das **Romanische Haus,** Marktstraße 59, wurde 1446 über Resten eines romanischen Vorgängerbaus errichtet und im 18. Jh. barockisiert. Das Gebäude ist mit einem barocken Giebelaufsatz versehen. Wir folgen nun der Marktstraße bis kurz vor das Waaghaus. Das **Haus zum Storchen** (15. Jh.), Marktstraße 16, war einst das Zunfthaus der Schuhmacher.

Vor dem Waaghaus steht rechts das **Alte Theater** (Brotlaube). Das mit 1625 datierte Gebäude mit den hohen Durchgängen war zuerst die Brotlaube der Bäcker, die hier ihre Ware verkauften. Das Haus wurde 1625 im Stil des Frühbarocks als letztes Repräsentationsgebäude der Stadt errichtet und besitzt außen eine reich geschmückte Giebelfront. Auf der Südseite sieht man ein schönes Wappen der Reichsstadt mit der Jahreszahl des Baus, auf der Nordseite einen schönen Treppenturm, ebenfalls mit einem Wappen. Im Obergeschoss befand sich von 1698 bis ins 19. Jh. ein Theatersaal, heute ist es Sitz der Städtischen Galerie.

Durch die Erdgeschosshalle kommen wir bis zum Gespinstmarkt und halten uns hier rechts. Nach der Straße Hochstatt gehen wir durch die Rossbachstraße zur Humpisstraße, wo wir uns links in die Straße Gänsbühl halten. An der Ecke steht das **Humpishaus.** Es stammt von 1470 und besitzt alemannisches Fachwerk. Wir gehen durch die Straße Gänsbühl zum Schellenberger Turm und zur Stadtmauer. Der aus dem 14. Jh. stammende **Schellenberger Turm** wird seit 1867 auch Katzenlieselesturm genannt, weil um 1850 in ihm eine alte Frau mit vielen Katzen gelebt haben soll.

Nach links gehen wir jetzt durch die Herrenstraße. **Haus Nr. 24** besitzt eine schöne Rokokofassade. Nach rechts können wir durch die Vehrengasse einen Abstecher zur Wilhelmstraße machen. Das **Konzerthaus** in der Wilhelmstraße wurde 1896/97 auf Anregung des Fabrikanten Julius Spohn erbaut, unterstützt von einer Stiftung Ravensburger Bürger. Planer war der Wiener Theaterarchitekt Ferdinand Fellner.

Wir gehen weiter bis zur querenden Kirchstraße. Rechts steht die **Liebfrauenkirche.** Sie wurde in der Gotik 1360 bis 1480 errichtet und war eine ursprünglich dreischiffige, später um ein Seitenschiff erweiterte Basilika mit einem hohen Turm. Im Langhaus stehen elf Arkaden auf achteckigen Pfeilern. Über dem Haupteingang am Westportal findet man ein dreigliedriges Tympanon mit Szenen aus dem Marienleben (um 1380). Innen zeigt sich eine reiche gotische Ausstattung, darunter im rechten Seitenschiff eine Kopie der »Ravensburger Schutzmantelmadonna« (um 1470). Die bedeutenden Glasgemälde in den Chorfenstern sind mit 1419 datiert. Das Bild mit der Kreuzigung und Papst Clemens wird der Werkstatt des Peter Hemmel von Andlau zugeschrieben und soll um 1478 entstanden sein.

Links von der Liebfrauenkirche sehen wir den **Weingartner Hof,** den stattlichsten Klosterhof der Stadt. Er wurde 1324 vom Kloster Weingarten gekauft und zum Absteigequartier, Amtshaus und Vorratsmagazin für Getreide und Wein ausgebaut. Nördlich der Liebfrauenkirche stehen das Frauentor, die Bauhütte und der Grüne Turm. Der 36 m hohe **Frauentorturm** wurde anstatt eines früheren Stadttores um 1350 errichtet und besitzt ein niedriges Zeltdach im Zinnenkranz. Die heutige Gestalt mit dem Staffelgiebel stammt aus dem 16. Jh. Auf der Nordseite befindet sich eine Kreuzigungsgruppe (1884). An das Frauentor ist die ehemalige **Bauhütte** angebaut. Bereits im Mittelalter befanden sich hier der städtische Bauhof, die Bauverwaltung und das Eichamt. In der Ecke sieht man den **Grünen Turm,** wegen der Farbe seiner Dachziegel so genannt. Er war ein Eckturm der Stadtbefestigung und stammt aus dem 14./15. Jh.

Das Fachwerkhaus gegenüber ist die **Untere Mang** von 1533 (1435 erstmals erwähnt), in dem man früher die Leinwand mangte (glättete) und färbte. Unter dem vorkragenden Dach hat man die feuchten Tücher aufgehängt. Nun können wir entweder nach links über den Marienplatz zurückgehen oder den Spaziergang etwas ausdehnen. Hierzu folgen wir der Grüne-Turm-Straße nach Westen, vorbei an der einstigen Städtischen Zehntscheuer bis zum **Bruderhaus,** das 1479 als städtisches Zeughaus entstand. 1725/26 wurde das Gebäude zum Zucht- und Arbeitshaus umgebaut und erweitert. Es besitzt ein Glockentürmchen aus dem 19. Jh. Bis 1806 diente der Bau als eines der Gefängnisse des Schwäbischen Reichskreises.

Wir halten uns links in die Breite Straße, dann rechts in die

Auch im Randbereich der Ravensburger Altstadt findet man idyllische Ecken.

Charlottenstraße. Das **Vogthaus,** ein schönes Fachwerkhaus, wurde um 1460/80 erbaut. Es wurde vom Schmalegger Vogt Peter Späth 1486 erworben und gehörte von 1514 bis ins 19. Jh. als Stiftungsgut zur »Neideggschen Pfründe«. Heute beherbergt es das Städtische Museum. Außen sieht man alemannisches Fachwerk. Innen ist die originale Raumaufteilung noch erhalten; zu sehen sind die alten Holzbohlenwände und gewölbte Holzdecken, außerdem zwei in der Renaissance und im Barock eingebaute Zimmer. Auch der 50 m hohe **Gemalte Turm** (Anfang 15. Jh.) ist ein Eckturm der Stadtbefestigung. Die einstige Bemalung mit Rautenmustern und Wappenschilden wurde 1985 erneuert.

Nun gehen wir zurück zur Unteren Breiten Straße und spazieren in ihr nach Süden. Die in der Gotik aus Bruchstein errichtete und unverputzte **Pfarrkirche Sankt Jodok** wurde vom Kloster Weißenau und der Stadt Ravensburg gemeinsam erbaut und 1385 dem Pestheiligen Sankt Jodokus geweiht. Innen ist sie mit Spitzbogenarkaden auf achteckigen Pfeilern aus Sandstein ausgestattet. Das Sakramentshaus (1450), der Chor und das Chorgestühl stammen aus dem 15. Jh. Die Kirche besitzt sehenswerte Holzplastiken (um 1480), eventuell von Jakob Ruess, und ein Kruzifixus von 1470/80. Das Fresko des »Feiertagschristus« ist von 1410. Der Hochaltar (1510/20) stammt aus der Schweiz.

Das **Pfarrhaus** entstand 1731 und besitzt eine schöne Barockfassade. Südlich befindet sich die Eisenbahnstraße mit dem **Altshauser Hof.** Die Deutschordenskommende Altshausen besaß bereits 1404 in Ravensburg ein Haus, allerdings an anderer Stelle, das als Absteigequartier für Gäste diente. Nach 1730 wurde das Gebäude von Johann Caspar Bagnato, dem Baumeister des Deutschen Ordens, im Barockstil umgebaut. Nach der Säkularisation befand sich das Gebäude 1825 bis 1851 im Besitz des Thurn-und-Taxis'schen Postamts. Es zählt zu den schönsten Barockgebäuden in Ravensburg. Zurück zum Marienplatz gehen wir durch die Eisenbahnstraße.

Weitere Sehenswürdigkeit

Die **Veitsburg** (11. Jh.) wurde wohl von Welf IV. erbaut. Vielleicht kam hier 1130 Heinrich der Löwe zur Welt. 1191 bis 1268 gehörte die Burg den Staufern und war ab etwa 1220 Sitz der königlichen Reichs- und der staufischen Hausgutverwaltung. 1274 bis 1647 saß hier der Landvogt von Schwaben als Vertreter des Königs. Johann Caspar Bagnato baute 1751 den 1647 durch einen Brand zerstörten Bergfried zum »Schlössle« wieder auf. Bis ins 16. Jh. hieß sie Ravensburg, der heutige Name kommt von der 1833 abgegangenen Burgkapelle Sankt Veit.

Museen

Feuerwehrmuseum, Charlottenstraße 40, Telefon (07 51) 38 38

Museum Humpis-Quartier, Marktstraße 45, Telefon (07 51) 82-8 20

Ostdeutsche Sammlung, Marktstraße 28, Telefon (07 51) 2 17 95

Ravensburg-Weißenau, Heimatmuseum Eschach, Am Torplatz 7, Telefon (07 51) 6 14 42

Gemüseinsel mit Kunstschätzen

Reichenau

Auskunft

Tourist-Information Reichenau, Pirminstraße 145, 78479 Insel Reichenau, Telefon (0 75 34) 92 07-0, Fax 92 07-77, www.reichenau.de, E-Mail: info@reichenau-tourismus.de

Aus der Geschichte

Die Reichenau ist die größte der drei Bodenseeinseln und gilt als das »Gewächshaus des Bodensees«. Ein Großteil der »riche owe«, so ihr mittelalterlicher Name, ist Gemüseland, das teilweise auch überdacht ist. Etwa 17 ha groß ist die Weinbaufläche. Der Weinbau hat auch eine lange Tradition, denn wohl bereits 818 unter Abt Haito I. wurde der erste Weinstock gepflanzt. Zeitweise wurden sogar auf 200 ha Weinreben angebaut. 1827 schrieb der Dichter Gustav Schwab: »... so haben sich auf Reichenau eine Menge glücklicher Sterblicher in den Ueberfluß getheilt, zwischen Rebenhügeln, Wiesen und Obstgärten nach allen Seiten hinlaufende Wege angelegt, Gärten und Felder umzäunt und abgetheilt, und unzählige Hütten über die Insel ausgestreut, in welche Jeder einheimst, was zur Nothdurft und zur Lust des Lebens genug ist.«

Das Kloster wurde von dem Westgoten Pirmin auf der damals noch Sintlazan genannten Insel mit 40 Mönchen gegründet, wahrscheinlich im Auftrag des Hausmeiers Karl Martell. Dieser wollte die Eingliederung des noch kaum christianisierten alamannischen Herzogtums ins fränkische Reich absichern und organisierte deshalb im rechts-

Perle romanischer Baukunst: Sankt Georg in Oberzell.

rheinischen Gebiet die Kirche neu, und zwar zentralistisch. Pirmin, über dessen Leben nicht viel bekannt ist, war vor seiner Reichenauer Zeit Klosterbischof von Meaux bei Paris.

Das Kloster entwickelte sich zu einem der bedeutendsten Zentren von Kunst, Kultur und Wissenschaft. Die Äbte selbst gelangten in hohe, einflussreiche Reichsämter und waren Erzieher und Berater in den kaiserlichen Familien. Von der Bedeutung des Klosters zeugt auch das Grab Kaiser Karls III. in der Klosterkirche in Mittelzell. Der Baseler Bischof Abt Haito I. (806–823) war Vertrauter Karls des Großen und dessen Gesandter nach Konstantinopel, wo er die Anerkennung des Karolingerreiches durch Ostrom erwirken sollte.

Wichtigster Abt war Walahfried Strabo (838/42–849), der ab seinem 16. Lebensjahr als Erzieher Karls II. am kaiserlichen Hof wirkte und literarisch tätig war. So verfasste er beispielsweise 945 Hexameter der Visio Wettini neu. Gleich zu Anfang setzte er ein Vergilzitat, das er wohl auf sich selbst münzte: »Ein Funke ist da und braucht seinen Zunder.« Das Werk mit seinen 1000 Versen ist eine Jenseitsvision, eine Vorwegnahme der Dante'schen Göttlichen Komödie. Er verfasste auch das Liber de cultura hortorum,

das erste Buch, das sich mit Gartenbau, Kultivierung und Heilpflanzen beschäftigte. Hier pries er u.a. in 444 Versen 24 Kräuter.

Die im 8. Jh. angelegte Bibliothek umfasste nach der 821 erfolgten Katalogisierung bereits 415 Bände. Zu Beginn des 9. Jh. wurde sie vom Bibliothekar Reginbert zu einer der bedeutendsten ihrer Zeit ausgebaut. 1008 bis 1054 lebte im Kloster Hermann der Lahme, ein Mönch, der krankheitsbedingt nicht einmal richtig sprechen konnte, aber als »Mirakel des Jahrhunderts« eine Art Universalgenie auf den Gebieten Theologie, Astronomie, Mathematik, Geschichte, Dichtung und Musik war: »An Mund, Zunge und Lippen gelähmt« war er »seinen Schülern ein beredter und eifriger Lehrer«, wie geschrieben wurde. Er dichtete in Latein, beispielsweise Marienlieder wie das »Salve Regina«, erfand seine eigene Notenschrift, schrieb Bücher über die Zeitrechnung, über die Harmonielehre und eine Reichenauer Kaiserchronik.

Nach Abt Witigowo, der wegen seiner unmäßigen Ausgaben für Kunst abgesetzt wurde, und seinem Nachfolger Alawich II. setzte ab dem 11. Jh. der Niedergang der Abtei ein. Bereits 1414 zur Zeit des Konstanzer Konzils lebten nur noch zwei Klosterherren hier. Der letzte Reichsabt trat 1540 seine Abtswürde an den Konstanzer Bischof ab. 1803 wurde die Reichenau säkularisiert und zwei der einst fünf Kirchen abgerissen.

Besichtigung Oberzell

Die **Stiftskirche Sankt Georg** in Oberzell ist die jüngste, aber bedeutendste Kirche auf der Insel und stammt aus dem 9. Jh. Sie wurde ums Jahr 1000 mit herrlichen Fresken ausgemalt. Es sind die umfangreichsten erhaltenen Freskenmalereien aus dieser Zeit nördlich der Alpen und zeigen Szenen aus dem Leben Jesu. Sehenswert sind die Mäanderbänder, die rundum laufen und die Malerei einrahmen. Originell ist die so genannte Kuhhaut (Anfang 14. Jh.). Sie wird von vier Teufeln getragen, während ein fünfter versucht, das Gespräch zweier Frauen auf die Haut zu schreiben. Damit soll die Schwatzhaftigkeit der Frauen dokumentiert werden, die angeblich auf »keine Kuhhaut« passe.

Besichtigung Mittelzell

Hinter der Klostermauer befanden sich um 1600 ein Löwenzwinger und ein Bärengraben, heute findet man hier den **Kräutergarten** des Klosters. Er erinnert an das Gartenbaubuch Liber de cultura hortorum des Abtes Walahfried Strabo, sind doch fast alle dort beschriebenen Pflanzen hier zu finden.

Sein Gartenbaubuch verblüfft durch die Genauigkeit und die Lebendigkeit der Schilderungen, denn er geht nicht nur auf das Erscheinungsbild, sondern auch auf Duft und Schönheit der Pflanzen ein. So schrieb er über die Rose: »... Reinheit der Jungfrau, selig gepriesen, strahlt aus der Blume; / Dann nur

Die Doppelturmfassade der Stiftskirche Sankt Peter und Paul in Niederzell.

leuchtet sie duftend, wenn Not der Sünde ihr fernbleibt, / Wenn unheiliger Liebe Begier ihre Blüte nicht knicket. / Gehet jedoch ihrer Unberührtheit Kleinod verloren, / Werden in üblen Gestank sich die holden Düfte verwandeln ...« Das Wichtigste zur Entstehungszeit war aber sicher die Beschreibung der Nützlichkeit der Heilpflanzen.

Das **Münster Sankt Maria und Markus** (8. Jh.) liegt inmitten der Klostermauern. Seine Gründungsgeschichte wird in einem barocken Gemälde im rechten Seitenschiff erzählt, das 1624 zur 900-Jahr-Feier gemalt wurde. Hier sieht man, wie Klostergründer Pirmin das giftige Gewürm von der Insel über den See nach Allensbach vertreibt. Beachten sollte man den riesigen offenen Dachstuhl, der ein vollständig erhaltenes Gebälk von 1236/37 besitzt, eines der ältesten Deutschlands. Es erinnert an das Innere eines umgedrehten alten Holzschiffs – schließlich wurde es unter Beteiligung normannischer Zimmerleute errichtet, die wohl Erfahrungen im Schiffsbau hatten. In der Schatzkammer sieht man kirchliches Gerät, Reliquienschreine und Fragmente der Reichenauer Buchkunst. Zu den ältesten Gegenständen der Kirche gehört ein spätantikes Marmorgefäß aus dem 5. Jh., der so genannte »Krug von Kana«. Fast ebenso alt ist ein griechisches Abtskreuz aus dem 6. Jh.

In der Nähe der Anlage liegt der Hauptplatz, wo wir das **Alte Rathaus** finden, das heutige Heimatmuseum. Es gehört zu den ältesten Fachwerkhäusern Süddeutschlands. Hier steht auch die 700 Jahre alte **Pirminlinde.** Gegenüber dem Münster sehen wir das 1469/70 erbaute **Haus Uricher,** einst das Gästehaus der Äbte. Es besitzt einen fünfseitigen Erker, alemannisches Fachwerk und eine Stube mit Bohlenwerk. Der Name von **Schloss Windeck** kommt wohl von der exponierten, dem Wind ausgesetzten Lage am äußersten Westzipfel der Insel. Hier saßen im 12. Jh. Ministeriale der Reichenauer Mönche. Vielleicht war es zeitweise Wohnort von Papst Martin V. nach seiner Wahl in Konstanz 1417. 1629 kaufte es das Kloster zurück. Der heutige Spätrenaissance-Bau entstand 1667.

Weitere Sehenswürdigkeiten

Etwas außerhalb der Besiedlung finden wir die **Hochwart.** Sie ist der mit 439 m höchste Punkt der Insel und liegt gut 40 m über dem See. Zur Aussicht schrieb Gustav Schwab: »... dagegen vereinigt sich hier Alles zu einem Landschaftsgemälde von sanftem und mildem Charakter, der das Auge um so traulicher anspricht, je näher die Hauptparthien demselben gerückt sind. In bunter Mannigfaltigkeit stellen sich an den Ufern des See's blühende Dörfer, Städte und Schlösser, ländliche Hütten und stattliche Klöster, Kirchen, Weinberge und Getraidefelder, fröhliche Wiesen und düstere Wälder dar, und jenseits des Rheins thut sich das lachende Thurgau auf, an Fruchtbarkeit und Cultur ein großer Garten, besäet mit Landhäusern und Dörfern und überall die fleißige Hand und den thätigen Geist seiner Bewohner verkündend. Tief im Hintergrunde des südlichen Land-Ufers ragt vereinzelt und scharfbegränzt hoch über die Vorberge der Säntis hervor, der hier mehr die Gestalt eines isolirten Berges, als einer Gebirgskette hat ...« – und so preisend fährt der Dichter noch eine Seite fort!

Das 1833 von Johann Willibald von Seyfried erbaute **Teehaus** ist ein kleines kubisches Häuschen mit einem gleichartigen Turmaufsatz. Hier beginnt auch der Weinlehrpfad, der die angebauten Sorten (vor allem Müller-Thurgau und Blauer Spätburgunder, der Rest Ruländer, Kerner und Gutedel) erklärt.

Besichtigung Niederzell

Die **Stiftskirche Sankt Peter und Paul** wurde 796 bis 799 errichtet. Ein Neubau folgte 1134 nach zwei Bränden. Die Kirche besitzt neben Resten von Malereien im italo-byzantinischen Stil Gemälde aus der Spätzeit der Reichenauer Malschule in der Mittelapsis (12. Jh.).

1976 wurden unter der Altarplatte die Inschriften von mehr als 400 Personen aus dem 9. bis 11. Jh. entdeckt, teils in Stein geritzt, teils mit Tinte geschrieben.

Besichtigung Wollmatinger Ried

Vor der Insel liegt das 1968 vom Ministerrat des Europarats mit dem Europa-Diplom ausgezeichnete Naturschutzgebiet Wollmatinger Ried – Untersee – Gnadensee. Mit seinen flachen Buchten und dem breiten Schilfgürtel bietet es vielen Vogelarten Zuflucht.

Im Frühling und im Herbst leben hier Zehntausende von durchziehenden Wasservögeln. Davon brütet ein Viertel im Ried, so Löffelente, Knäkente, Kolbenente, Fluss-Seeschwalbe, Uferschnepfe, Schwarzhalstaucher, Wasserralle, Drosselrohrsänger und Bekassine, Grau- und Seidenreiher, Säbelschnäbler und sogar der Eisvogel. Hier lebt auch der seltene Singschwan, und sogar Nachtigallen soll man am Damm hören. In der schilfbewachsenen Sumpflandschaft gedeihen typische Riedpflanzen, außerdem Heidekraut und Ginster.

Eine gute Sicht hat man von der Plattform der Burgruine Schopflen aus, die sich direkt neben der Durchgangsstraße befindet.

Museen

Reichenau-Mittelzell, Museum Reichenau – Weltkulturerbe Klosterinsel Reichenau, Ergat 1 und 3, Telefon (0 75 34) 92 07-0

Reichenau-Mittelzell, Schatzkammer des Münsters zu Reichenau, Münsterplatz 4, Telefon (0 75 34) 2 49

Oberschwäbisches Fachwerkparadies

Riedlingen

Auskunft

Touristinformation, Marktplatz 1, 88499 Riedlingen, Telefon (0 73 71) 1 83-0, Fax 1 83-50, www.riedlingen.de, E-Mail: info@riedlingen.de

Besichtigung

Von der Stadthalle aus folgen wir der Hindenburgstraße in Richtung Zentrum. Den schönsten Blick auf die Altstadt hat man vom Donauufer am Fuß der Hindenburgbrücke. Von hier sieht man schön das **Mühltörle** (1470–1480). Das mit einem Fachwerkoberbau versehene Gebäude war ein Innentor der Stadtmauer und gewährte den Zugang zur Mühlvorstadt. Wir überqueren die Brücke, biegen rechts ab in die Haldenstraße und gehen aufwärts bis zu dem alten Brunnen.

Nach links kommen wir hinauf zum Marktplatz, wo wir uns rechts zum spätgotischen **Rathaus** mit seinem Staffelgiebel halten. Es war bis 1447 auch Kaufhaus und wurde 1520 zur Kornhalle umgebaut. Riedlingen ist die einzige deutsche Stadt, auf deren Rathausdach seit jeher Störche nisten. Dahinter sehen wir das 1420 als Frauenkonvent gestiftete und 1782 aufgehobene **Nonnenkloster** der Franziskanerinnen. Der 1614 errichtete Fachwerkbau steht auf einem massiven Erdgeschoss und besitzt vorkragende Obergeschosse.

Dahinter liegt das **Zwiefalter Tor,** das entstand, als die einstige Michaelskapelle des alten Friedhofs um die Kirche 1804 mit einem Tordurchbruch zu diesem Tor umfunktioniert wurde. Es ist mit einem überbauten Stück der Stadtmauer mit dem **Zellemeesturm** (14. Jh.), einem Rundturm mit Kegeldach, verbunden. Früher wurde er als Gefängnis verwendet.

Die gotische **Sankt-Georgs-Kirche** geht auf das 13. Jh. zurück, wurde um 1350 als dreischiffige Basilika mit gerade schließendem Chor konzipiert und 1486 zur Hallenkirche umgestaltet. Sie besitzt Arkaden, Freskenreste (1589), zwei spätgotische Schnitzwerke sowie eine Darstellung des Gnadenstuhls aus der Werkstatt von Martin Schaffner (15./16. Jh.). Gegenüber steht das **katholische Pfarrhaus,** ein traufständiger Bau mit hohem, massivem Erdgeschoss und Fachwerkobergeschoss. Nördlich der Kirche findet man das **Kaplaneigebäude.**

Am Marktplatz erwarten uns stattliche **Fachwerkhäuser** (15.–17. Jh.). Bei den Gebäuden Marktplatz 6 und 8 (Sparkasse) besitzt

Nr. 6 wegen seiner früheren Funktion als Lagerhaus einen hohen Schopfwalm. **Nr. 8** wurde 1541 als Pfleghof des Zwiefaltener Klosters erstmals erwähnt. Es steht auf einem Arkadensockel und weist vorkragende Geschosse mit alemannischem Fachwerk auf. Hier wohnte und arbeitete der Bildhauer Johann Joseph Christian, nach 1803 war es Gasthof »Post«. Gebäude Lange Straße 6 war früher die **Stadtwaage.**

Dem Apothekergässle folgen wir nach rechts. Zu den schönsten Fachwerkhäusern gehört die 1686 erbaute und einst als Speicher verwendete **Alte Kaserne,** Eckhaus Rösslegasse 2. Das Fachwerk ist mit Figuren geschmückt. Wir gehen weiter bis zur Pfaffengasse und halten uns links. Rechts hinter den Häusern 8 und 10 sehen wir ein Stück **Stadtmauer** mit Wehrgang. Danach erreichen wir das 1378 gegründete **Spital** mit einer zweischiffigen Hauskapelle. Das Haus steht an der Stadtmauer in der Nordwestecke des Wochenmarkts. Unterhalb links finden wir das **Haus Schöne Stiege** (16. Jh.), Rösslegasse 1, ein Ackerbürgerhaus.

Wir gehen die Spitalgasse abwärts, dann die Lange Gasse rechts zum Weibermarkt, wo das **Wegscheiderhaus,** Lange Gasse 19, steht. Es entstand 1511 und wurde 1743 umgebaut. Das Haus ist mit Stuckaturen, einem Fresko und einem schmiedeeisernen Bal-

Fachwerkwinkel im Donaustädtchen Riedlingen.

Am Zwiefalter Tor in Riedlingen.

kongitter geschmückt. Nun folgen wir der Donaustraße nach links zur Hindenburgstraße, auf der wir nach rechts zurückgehen.

Museum

Museum »Schöne Stiege«, Rösslegasse 1 und Wochenmarkt 3, Telefon (0 73 71) 90 96 33

Eidgenössische Pracht in Seenähe

Sankt Gallen

Auskunft

Sankt Gallen – Bodensee Tourismus, Bahnhofsplatz 1a, CH-9001 Sankt Gallen, Telefon 00 41(0) 71 2 27 37 37, Fax 2 27 37 67, www.st.gallen-bodensee.ch, E-Mail: info@st.gallen-bodensee.ch

Besichtigung

Parkmöglichkeiten gibt es z. B. an der Straße Unterer Graben. Wir gehen durch die Kirchstraße zur 898 gegründeten **Sankt-Mangen-Kirche.** In ihr erlitt die heilige Wiborada 926 den Märtyrertod. Wir folgen der Straße weiter nach Süden und kommen zum Marktplatz. Das **Waaghaus** diente den Kaufleuten bis ins 19. Jh. als Lagerhaus und zum Wägen ihrer Güter.

Nun spazieren wir durch die Marktgasse weiter. Zuerst kommen wir zum **Vadian-Denkmal,** das an den Reformator Joachim von Watt (genannt: Vadianus; 1484 bis 1551) erinnert. Links und rechts in den Seiten-

Die prächtig geschmückten Türme der Sankt Galler Stiftskirche.

gassen finden wir sehenswerte Bürgerhäuser. In der **Multergasse** stehen schöne Jugendstilhäuser. Bemerkenswert sind auch die Ensembles **Hinterlauben,** das mittelalterliche **Haus Zum tiefen Keller** und das barocke **Haus Zum goldenen Apfel.** Beachten sollte man die 111 kunstvoll gestalteten Erker, insbesondere in der **Spisergasse** (z. B. **Nr. 11, 13, 22**) sowie **Zur Kugel** und **Zum Schwanen** in der Kugelgasse. Das **Haus Oceanic** (1904) in der Sankt-Leonhard-Straße 20 besitzt ein schönes Flachrelief. Die **Synagoge** ist die älteste im Bodenseeraum.

Die 1235 als Pfarrkirche (Leutkirche) erstmals erwähnte **Sankt-Laurenzen-Kirche** geht vermutlich auf das 12. Jh. zurück. Die ehemalige Stifts- und heutige Bischofskirche besitzt einen Aussichtsturm und wurde mit der Einführung der Reformation im 16. Jh. zur Hauptkirche der reformierten Bürgerschaft. Die Kirche mit den mächtigen Arkaden wurde 1850/54 im neugotischen Stil umgestaltet. Aus dieser Zeit stammt auch die Ausmalung im Stil der italienischen Gotik.

Im südlich gelegenen **Stiftsbezirk** wurde 1755 bis 1767 vom Vorarlberger Baumeister Johann Michael Beer von Bildstein die **Kathedrale** als einer der letzten monumentalen barocken Klosterbauten errichtet. Beteiligt waren auch die Baumeister Peter Thumb und Johann Caspar Bagnato. Sie

besitzt eine üppige Ausmalung mit riesigen Deckenfresken, reiche, malachitgrüne Stuckaturen, Schnitzereien, ein Chorgestühl mit 84 beschnitzten Sitzen, ein schmiedeeisernes Chorgitter und historische Orgeln. Im Westflügel befinden sich die **Stiftsbibliothek,** das **Lapidarium** mit Exponaten aus dem karolingischen Münster und der **Barocksaal.** Die Stiftsbibliothek (ab 8. Jh.) zählt zu den ältesten und schönsten Bibliotheken der Welt. Der Bibliotheksraum wurde zwischen 1758 und 1767 unter der Leitung des Bregenzerwälder Baumeisters Peter Thumb erbaut. Der ganze Stiftsbezirk wurde 1983 in die Liste des UNESCO-Weltkulturerbes aufgenommen.

Im Zentrum von Sankt Gallen, im Hintergrund die Sankt-Laurenzen-Kirche.

Wir gehen nach rechts durch die Gallusstraße zum **Stadthaus** (16. Jh.), das in einem sehenswerten Ensemble liegt. Die **Gallus-Gedenkstätte** erinnert an den irischen Mönch Gallus, den Gründer von Sankt Gallen. Sehenswert am Gallusplatz und in der Gallusstraße sind die Häuser **Nr. 4, 14, 20, 26, 32.** Eine **Schiedmauer** trennte nach 1566/67 das katholische Benediktinerkloster von der reformierten Stadt; im 19. Jh. wurde die Mauer abgebrochen.

Von hier aus spazieren wir südlich um den Stiftsbezirk herum bis zum **Karlstor** (1570). Es ist als einziges der elf Stadttore erhalten und besitzt ein schönes Renaissance-Relief. Wir gehen durch das Tor in den Stiftshof. Die neue Pfalz rechts ist die ehemalige **fürstäbtliche Pfalz.** Durch den Durchgang kommen wir in den Stiftsbezirk und zur Stiftskirche. Von hier aus gehen wir auf demselben Weg zurück.

Museen

Historisches und Völkerkundemuseum, Museumstraße 50, Telefon 00 41 (0)71 2 42 06 42

Kunstmuseum, Museumstraße 32, Telefon 00 41 (0)71 2 42 06 71

Museum im Lagerhaus, Davidstraße 44, Telefon 00 41 (0)71 2 23 58 57

Naturmuseum, Museumstraße 32, Telefon 00 41 (0)71 2420670

Textilmuseum, Vadianstraße 2, Telefon 00 41 (0)71 2 22 17 44

Industriestadt mit Tradition

Singen (Hohentwiel)

Auskunft

Touristinfo Marktpassage, August-Ruf-Straße 13, 78224 Singen, Telefon (0 77 31) 85-2 62, Fax 85-2 63, www.singen.de

Besichtigung Singen

Die **katholische Pfarrkirche Herz Jesu** ist eine mächtige neuromanische Pfeilerbasilika. Sie wurde 1908 bis 1911 errichtet. Die Einrichtung schufen von 1978 bis 1982 Emil Wachter und Klaus Ringwald. Auch findet man Stücke der ursprünglichen Ausstattung. In den Jahren 1809 und 1810 entstand das **Schloss** in einer Mischung aus Barock und Klassizismus. Heute beherbergt es das Hegaumuseum, das von einer Mitte des 19. Jh. im englischen Stil mit Springbrunnen und einem Teepavillon geschaffenen Parkanlage umgeben ist. Die **Scheffelhalle** wurde 1925 in expressionistischem Stil nach Plänen von Albert Hug erbaut und diente einst als Festhallen-Provisorium.

Besichtigung Hohentwiel

Das berühmteste Bauwerk der von der Industrie geprägten Stadt ist die **Burgruine** auf dem Hohentwiel. Sie liegt auf einem steilen, landschaftsbeherrschenden Phonolithkegel und zählt zu den ältesten und größten Höhenburgen in Deutschland. Aus den Zeiten vor dem Bau der Burg machte man hier vorgeschichtliche, keltische, römische, alamannische und karolingische Funde.

Ab 1521 gelangte die auf das 10. Jh. zurückgehende Burg als Enklave auf vorderösterreichischem, dann badischem Gebiet an Württemberg. Danach wurde sie zur Landesfeste ausgebaut. Im Dreißigjährigen Krieg war Konrad Widerholt Kommandant. 1641 versuchten die Kaiserlichen mit 8000 Mann, darunter 100 Mineuren, Sprengmeistern und Erzknappen aus Tirol, die Befestigungen zu sprengen. Es blieb aber bei geringen Schäden und der Zerstörung zwei den Menschen »hochnötiger Orte«.

Die Österreicher versuchten 1643 Widerholt zu bestechen: Er sollte bei Übergabe in den erblichen Adelsstand versetzt und zum Generalleutnant ernannt werden. Selbst Herzog Eberhard III. von Württemberg konnte ihn nicht zur Aufgabe veranlassen. Er schrieb zwar einen Brief, aber angeblich fehlte auf ihm ein geheimes Zeichen. So konnte Widerholt 1650 die Festung unbezwungen zurückgeben. Im 18. Jh. war sie als Staatsgefängnis berüchtigt. 1800 wurde die Anlage kampflos an die Franzosen übergeben, da die Besatzung glaubte, sie dadurch retten zu können. Trotzdem wurde sie geschleift, wobei 150 Mineure ein halbes Jahr Arbeit hatten.

Die Anlage besteht im Wesentlichen aus zwei Teilen: der Unteren und der Oberen Festung, wobei die Obere Festung wiederum in zwei Bereiche auf verschiedenen Ebenen geteilt ist. Der untere Teil war mit der Kaserne, der ehemaligen Klosteranlage und den Wohn- und Wirtschaftsgebäuden bebaut. Einst diente der große Innenraum zum Exerzieren und für Paraden. Der oberste Teil besteht vor allem aus der Herzogsburg und dem Zeughaus. An der Mauer zwischen oberem und unterem Teil liegt die Kirche.

Die Burgbesichtigung gestaltet sich recht anstrengend, denn der Weg zieht teilweise steil empor. Er führt zuerst durch ein Bannwaldgebiet, dann zum Galgenrain, der seinen Namen von dem früher hier stehenden Galgen hat. Nach weiterem Bergauf folgen zwei Tunnels. Nach dem Vorhof geht es am Fels entlang und mit herrlicher Sicht in den Hegau weiter aufwärts zum Schmittefelsen, wo früher die Schmiede lag. Anschließend

Schön geschmückte Hausfassade im Singener Zentrum.

Größte Burgruine Deutschlands: die ehemalige Festung Hohentwiel.

durchqueren wir ein Renaissancetor mit außergewöhnlichen Schneckenmotiven. Dahinter stehen die Ruinen des Langen Baus, wo eine Grillmöglichkeit, Tische und Bänke zur Rast einladen.

Nun steigen wir nach rechts hoch zur Kirche, zum Ekkehardturm und zum Widerholt-Denkmal. Dahinter kommt an der Südwestecke das Geschützrondell Augusta. Es war mit einem Durchmesser von 25 m die mächtigste Rundbastion Südwestdeutschlands und wurde vermutlich unter Herzog Ulrich begonnen und unter seinem Sohn Christoph vollendet. Am Zeughaus finden wir die Reliefbüsten mit den Porträts Scheffels und Bismarcks. Westlich der Kirche steht die Herzogsburg, die aus einem unter Herzog Christoph errichteten Gebäude hervorging. Das Bandhaus diente auch als Wohnung des Küfers.

Museen

Archäologisches Hegau-Museum, Am Schlossgarten 2, Telefon (0 77 31) 85-2 67 und 85-2 68

Städtisches Kunstmuseum Singen, Ekkehardstraße 10, Telefon (0 77 31) 85-2 71

Mächtige Häuser aus alter Zeit

Sipplingen

Auskunft

Tourist-Information, Seestraße 3, 78354 Sipplingen, Telefon (0 75 51) 94 99 37-0, Fax 35 70, www.sipplingen.de, E-Mail: tourist info@sipplingen.de

Besichtigung

Die **katholische Kirche** geht auf das späte Mittelalter zurück. Der schiefe Turm stammt aus dem 13. Jh., Chor und Langhaus aus dem 15. und 16. Jh. Mitte des 18. Jh. wurde sie von der Deutschordens-Kommende Mainau barockisiert und mit zartem Stuck geschmückt. Die tönerne Ölberggruppe an der Außenseite wurde anfangs des 20. Jh. überarbeitet. Von der Barockausstattung sind noch sehenswerte Figuren vorhanden, die Joseph Anton Feuchtmayer zugeschrieben werden (um 1750). Die Figuren an den Seitenaltären

Vom Sipplinger Kirchgarten aus sieht man ein schönes Fachwerkhaus.

Am Strand von Sipplingen.

stammen vielleicht von einem Schüler Christoph Daniel Schencks (um 1690). Sehenswert sind ferner die Kanzel und Prozessionsstangen, zwei Votivbilder (18. Jh.), eine dem Zürn-Kreis zugeordnete Marienfigur (um 1620), das Kruzifix im Chor (14. Jh.) und die Ölbergnische (um 1550).

Das **Rathaus** (1669) besitzt einen hohen Gewölbekeller und eine Außentreppe. In dem werktags geöffneten Gebäude befindet sich ein historischer Bürgersaal. Der **Konstanzer Spitalhof** (1601) ist eines der ältesten Gebäude des Ortes. Er besitzt einen Staffelgiebel, Eckquaderung und zwei Wappentafeln. Ab 1880 war hier die Post untergebracht. Das Spital Konstanz war Grund- und Gerichtsherr in Sipplingen.

Der 1719 erbaute **Überlinger Spitalhof** geht auf das 14. Jh. zurück, als das Heilig-Geist-Spital Zehntrechte und Weinberge erwarb. 1479 kamen noch Schloss und Besitz Alt-Hohenfels hinzu. Im Obergeschoss besitzt das Haus ein prächtiges Zierfachwerk mit Andreaskreuzen, innen eine bemalte Kassettenholzdecke. Im Erdgeschoss war der Weintorkel untergebracht.

Der **Gasthof Adler** ging aus einem Franziskanerinnenkloster hervor. Der barocke Bau stammt von Mitte des 17. Jh. Beeindruckend sind auch die verschiedenen **Pfleghöfe** wie der **Mainauer Hof** (1764), der **Salemer Hof** (18. Jh.) und das außergewöhnlich große **Bruderschaftshaus** (um 1600). Sehenswert sind auch verschiedene **Wohnhäuser,** die teilweise große Kellerportale besitzen: Bruderschaftshaus (um 1600), Bruderschaftsweg 2, 4, Auf dem Boll 1 (1761), Rathausstaße 9, Eckteil 20.

Häuser wie Gemälde

Stein am Rhein

Auskunft

Tourist-Service, Oberstadt 3, CH-8260 Stein am Rhein, Telefon 0041(0)52 7422090, www.steinamrhein.ch, E-Mail: tourist-service@steinamrhein.ch

Besichtigung

Das **Rathaus** wurde 1539 bis 1542 erbaut und diente früher auch als Kaufhaus. Die drei Historienbilder stammen von 1900. Hinter dem Rathaus findet man noch die **Agathakapelle.** Der Rathausplatz wird von prächtigen bemalten Bürgerhäusern eingerahmt. Wir schlendern auf diesem Platz nach Westen in Richtung Untertor. Vor allem die auf der Südseite des Rathausplatzes stehenden Häuser (15. Jh.) sind mit schmucken Wohnerkern versehen.

Das **Haus Zum weißen Adler** besitzt die älteste Renaissance-Fassadenmalerei (um 1520/25). Eines der vornehmsten Häuser ist die **Vordere Krone** mit ihrem hohen, steilen Fachwerkgiebel und dem Erker von 1707. Das 1362 erstmals

Blick von der Rheinbrücke auf die Altstadt von Stein am Rhein.

Stein am Rhein ist für seine Fassadenmalereien berühmt.

genannte **Spital Zum Heiligen Geist (Bürgerasyl)** gehörte erst dem Kloster und kam 1476 an die Stadt. Es besteht aus fünf um einen Hof liegenden Gebäuden.

Der **Rote Ochsen** ist das älteste mit vollem Namen genannte Wirtshaus der Stadt (1466). Er besitzt eine gotische Fassade, einen kunstvollen Steinerker und Wandmalereien (1615). Das **Haus Steinerner Trauben** ist mit einem steinernen Kastenerker (1688) und Fassadenmalerei geschmückt. Das Hauptbild zeigt Josua und Kaleb mit einer großen Traube. Die **Sonne** ist das älteste nachweisbare Gasthaus (16. Jh.). Es ist mit einem Erker von 1659 und Fassadenmalerei (1900) mit dem Hauptbild Diogenes und

Alexander der Große versehen. Das **Schwarze Horn** wurde 1476 erstmals genannt.

Danach zweigen wir rechts ab in die Brodlaubegass zum **Obertor** in der Stadtmauer. Davor halten wir uns links und spazieren über den Fronhof, vorbei am **Haus Im Höfli** und dem **Mittleren Hof** zum **Untertor.** Nun gehen wir durch die Choligass zum Rhein und zur Schiffsländi. Unterwegs kommen wir am **Haus Vetter** und der **Badstube** vorbei. In der Choligass stehen prächtige alte Riegelhäuser. Nahe der Schiffländi finden wir den **Diebs-** oder **Hexenturm** (wohl 14. Jh.). Über die Schiffsländi oder die oberhalb verlaufende Undergass und die Schwarzhorngass gehen wir nach Osten. Hier finden wir das **Gredhaus** (1517) und auf der anderen Straßenseite das **Anwesen Rosenegg.**

Über die Brücke kommen wir zu der Anhöhe, auf der einst das römische **Kastell Tasgetium** (Eschenz) lag. Die **Kirche** in der Anlage besitzt eine barocke Zwiebelkuppel und zählt zu den ältesten Gottesdienststätten des Kantons Schaffhausen. Sie liegt mitten in den Mauerresten des im 3. Jh. errichteten römischen Kastells. Nach links am Rhein entlang erreichen wir die Insel Wert mit der **Sankt-Otmars-Kapelle.** Die Besiedlung geht auf die Zeit des Pfahlbaus zurück. Auch die **Propstei Wagenhausen** lohnt einen Besuch. Die 1291 gegossene Glocke ist eine der ältesten funktionierenden Glocken der Schweiz. Wer will, spaziert jetzt in der Rhigass links hinauf zum Rathaus.

Davor können wir nach rechts zum einstigen **Benediktinerkloster Sankt Georgen** gehen. Es wurde 1002 bis 1007 vom Hohentwiel nach Stein verlegt und ist eine der besterhaltenen Klosteranlagen der Schweiz. Das Kloster wurde in der Zeit vom 15. bis zum frühen 16. Jh., später noch einmal im 17., 18. und besonders im späten 19. Jh. umgebaut. Bedeutend sind der spätgotische Kreuzgang und im Festsaal der Freskenzyklus (um 1515), der zu den frühesten Zeugnissen der Renaissance in der Nordschweiz gehört.

Im Klausurgebäude befinden sich ein Kapitelsaal, das Winter- und das Sommerrefektorium, der Kreuzgang, ein Dormitorium, die Abtsstuben, ein Festsaal und die Abtskapelle. Die einstige **Klosterkirche,** die etwas oberhalb liegt, ist heute Stadtkirche. Hinter der Kirche kann man nach rechts zum **Zeughaus** gehen. Nach links gelangen wir wieder zum Rathaus.

Weitere Sehenswürdigkeit

Oberhalb der Stadt liegt die **Burg Hohenklingen.** Diese erreicht man nach steilem, etwa halbstündigem Anstieg oder mit dem Auto.

Museum

Museum Lindwurm, Understadt 18, Telefon 00 41(0)52 7 41 25 12

Am Fuß einer Burganlage

Stockach

Auskunft

Stadt Stockach – Altes Forstamt, Salmannsweilerstraße 1, 78333 Stockach, Telefon (0 77 71) 8 02-3 00, Fax 8 02-3 11, www.stockach.de, E-Mail: tourist-info@stockach.de

Besichtigung

1704 wurde Stockach von französischen Truppen verbrannt, so dass die Gebäude aus der Zeit danach stammen. Der Zwiebelturm der auf das 15. Jh. zurückgehenden **katholischen Pfarrkirche Sankt Oswald** stammt aus dem Barock. Die Kirche wurde nach der Zerstörung 1704 in den Jahren 1708 bis 1728 neu erbaut. Das Schiff entstand 1932, so dass die Kirche insgesamt einen expressionistischen Eindruck erweckt. Sehenswert sind das Dreikönigsrelief im Vorraum der Taufkapelle, die Epitaphien beim Hauptportal und die Kreuzigungsgruppe über dem Hochaltar.

Das **Alte Forstamt** war während der vorderösterreichischen Zeit der Stadt Rentamt. Nach dem Übergang an Baden diente es der Großherzoglichen Domänenverwaltung und war anschließend Staatliches Forstamt. Es wurde 1706 über einem Vorgängergebäude errichtet und besitzt im ersten Obergeschoss eine prächtige Stuckdecke, deren Formen an die Renaissance erinnern. Heute lädt hier das Stadtmuseum zum Besuch. Das **Bürgerhaus Adler Post** wurde 1505 als Poststation genannt, in der die Reisenden übernachteten. Sie war eine der ältesten Poststationen Deutschlands; hier kreuzten sich die Post- und Reiterlinien Wien–Paris, Ulm–Basel und Stuttgart–Zürich. Noch 1870 zählte man über 60 Pferde in den Stallungen.

Der **Hans-Kuony-Brunnen** erinnert an den Stockacher Bürgersohn und Hofnarren, auf den das Hohe Grobgünstige Narrengericht zurückgeht (1351). Der Brunnen stammt von Werner Gürtner aus Überlingen. Kuony gab seinem Herrn, Erzherzog Leopold von Österreich, als er vor der Schlacht gegen die Schweizer Urkantone im Jahr 1315 nach seiner Meinung befragt wurde, die Antwort: »Ihr ratet wohl, wie ihr in die Schwyz hineinkommen wollt, nicht aber heraus.« Und wie er es vorausgesagt hatte – die Österreicher wurden geschlagen. Für seine Weisheit erhielt der Narr von Erzherzog Albrecht, dem Bruder seines Herrn, das Privileg, alljährlich zur Fastnachtszeit ein Narrengericht abzuhalten. Noch heute sind alljährlich prominente Politiker »Opfer«

des Gerichts. Ein weiteres Kunstwerk ist das vom Bodmaner Künstler Lenk gestaltete U-Boot mit dem früheren Verteidigungsminister Scharping.

Das mit einem Glockentürmchen ausgestattete **Landvogteigebäude** (1706) war von etwa 1600 bis 1806 der Sitz der nellenburgischen Landvögte. Der Durchgang zwischen der Hauptstraße und der Kaufhausstraße war der Lager- und Verkaufsplatz. Über dem Haupteingang ist ein Wappen mit der Jahreszahl 1756 angebracht, innen sieht man Stuckdecken.

Im 1668 genannten ehemaligen **Gasthaus Zum Weißen Kreuz** übernachtete im Mai 1770 Marie-Antoinette auf ihrem Brautzug nach Paris. Das mit Arkaden geschmückte Haus war ab 1710 Sitz von Behörden, ab 1806 Königlich Württembergisches Oberamt, ab 1811 Badisches Bezirksamt, später Landratsamt, Finanzamt und Polizeidienststelle.

Prächtiges Bürgerhaus im Zentrum von Stockach.

Im Zentrum befindet sich eine kleine **Parkanlage,** der Stadtgarten. Am Ortseingang aus Richtung Ludwigshafen steht die **Loretokapelle** mit der ältesten bespielbaren Orgel Badens (1661).

Pfarrkirche Sankt Oswald in Stockach: ein äußerst interessanter Stilmix.

Weitere Sehenswürdigkeit

In der Nähe der Stadt liegt auf einem Bergrücken die **Nellenburg.** Nur noch bescheidene Ruinenreste sind von diesem ehemaligen Schloss der Grafen von Nellenburg übrig. Die Burg wurde 1056 erstmals erwähnt, immer wieder belagert, zerstört, wieder aufgebaut und 1782 abgebrochen.

Museum

Stadtmuseum im Alten Forstamt, Salmannsweilerstraße 1, Telefon (0 77 71) 8 02-3 03

Hopfenstadt mit Schloss

Tettnang

Auskunft

Tourist-InfoBüro TIB, Montfortstraße 41, 88069 Tettnang, Telefon (0 75 42) 5 10-5 00, www.tettnang.de, E-Mail: tourist-info@tettnang.de

Besichtigung

Tettnang war von 1260 bis 1780 die Residenz der Grafen von Montfort-Tettnang, die aus Vorarlberg stammten. Das **Neue Schloss** wurde 1712 bis 1729 unter Graf Anton III. von Christoph Gessinger als gräfliche Residenz erbaut. Davor stand hier eine im Dreißigjährigen Krieg zerstörte Burg. Es besitzt einen quadratischen Grundriss mit drei Geschossen, vier Flügeln und übereck gestellten Ecktürmen. Bereits 1728, noch bevor das Schloss fertig war, mussten die Arbeiten eingestellt werden, weil kein Geld mehr vorhanden war. Schon 1753 wurde es innen durch einen Brand fast vollständig zerstört. Beim ab 1755 von Graf Franz Xaver veranlassten – und von Österreich mitfinanzierten – Wiederaufbau durch Jakob Emele wurde die Inneneinrichtung nach neuester Mode erneuert, wobei die bedeutendsten Stuckateure, Maler und Freskomaler aus dem Bodenseeraum mitarbeiteten, darunter Joseph Anton Feuchtmayer, Johann Georg Dirr (beide Stuckateure), Moosbrugger und Andreas Brugger (Malerei).

Die Grafen verschuldeten sich derart, dass sie 1780 die Grafschaft an Österreich abtreten mussten. Innen ist es mit prächtigem Stuck, Fresken und Ölgemälden ausgestattet. Besonders schön sind zwei der vier Treppenhäuser gestaltet. Sie sind im unteren Teil wie die beiden anderen mit Stuck geschmückt, oben aber mit großen Deckengemälden mit zeitgenössischen Genreszenen bemalt. Ein Teil des Schlosses mitsamt seiner historischen Inneneinrichtung dient heute als Museum. Vom Schloss und seinem Barockgarten aus hat man eine herrliche Sicht bis hin zum See und den Alpen am Horizont.

Das 1667 unter Graf Johann VIII. von Montfort-Tettnang (1627–1686) vom Vorarlberger Baumeister Michael Kuen erbaute **Alte Schloss** dient seit 1904 als Rathaus. Es besitzt eine Staffelgiebelfassade, über dem Portal ist ein Allianzwappen angebracht. Oben ist es mit einer alten Uhr geschmückt.

Die **katholische Kirche Sankt Gallus** wurde 1858 bis 1860 im Stil des späten Klassizismus erbaut. Die heutige Einrichtung stammt teilweise aus dem 17. bis 19. Jh. Am Eingang sieht man ein frühklassizistisches Marmorepitaph für Graf Anton IV. von Montfort-Tettnang (1713–1787), den letzten seiner Familie.

Die **Kapelle Sankt Georg** beim Schloss entstand 1682 unter Graf Johann X. Der Vorarlberger Baumeister Heinrich Bader errichtete sie auf den Grundmauern der alten Burgkapelle. Innen besitzt sie einen großen Hochaltar aus Stuckmarmor, vielleicht aus der Werkstatt von Joseph Anton Feuchtmayer (um 1755/60). Der Hochaltar stammt aus der 1828 profanierten Schlosskapelle. Weiter sehenswert sind zwei spätgotische Skulpturen, ein geschmücktes Gehäuse für die Wachsfigur des Prager Jesuskindes (um 1750) und Zunftstangen (18. Jh.).

Daneben stand bis 1980 die einstige Mittelmühle, von der noch ein riesiges altes **Mühlrad** erhalten ist. Die Mühle wurde Mitte des 16. Jh. als jüngste von drei Mühlen in Tettnang erwähnt. Die 1513 gestiftete **Kapelle Sankt Anna** wurde 1971 wieder hergestellt. Die Schlusssteine sind figürlich geschmückt und teilweise mit Stifterwappen versehen. Daneben steht das **Mesnerhaus** aus dem 18. Jh. Die **Loretokapelle** in der Nähe des Schlosses wurde 1624 gestiftet. An den Wänden sieht man 15 Medaillons (um 1630).

Das am Rand des Zentrums liegende **Torschloss,** das trotz seines Namens nie ein Schloss war, besteht aus mehreren Gebäuden, besitzt Staffelgiebel und Eckerker und liegt in einem malerischen Ensemble historischer Häuser. Hier befinden sich auch die Reste der Ummauerung und ein spitzbogiges Tor mit Buckelquadern. Das Gebäude wurde in seinen ältesten Teilen als Stadtbefestigung errichtet und 1464 um den vorgesetzten Turm erweitert.

Das Schloss in Tettnang ist von viel Grün umgeben.

Vor 1569 wurde es vom Landschreiber Leuthold gekauft und großenteils umgebaut. 1629 kauften es die Montforter zurück und bauten die beiden linken Gebäudeteile an. Ab 1783 diente es u. a. als Schulhaus. Innen ist ein Wappen angebracht.

Die angebaute **Heilig-Kreuz-Kapelle** wurde 1577/78 von Landschreiber Leuthold errichtet. An der Ostwand sieht man sein Wappen, das der Stadt und des Grafenpaares Ulrich IX. von Montfort und seiner Frau Ursula, geborene Solms-Licht. Über dem Eingang ist ein Fresko mit Wappen und einer Todesdarstellung zu sehen.

Das ehemalige **Amtshaus,** Schulstraße 4, stammt von 1688 und besitzt einen Staffelgiebel. **Montfortstraße 34** ist ein imposantes Fachwerkhaus. Sehenswert sind auch die meist mächtigen Gebäude der zahlreichen **Gastwirtschaften** mit ihren farbigen Fassaden und Wirtshausschildern. Das

Das Tettnanger Torschloss vom Bärenplatz aus gesehen.

Gasthaus Bären etwa wurde um 1580 als Schildwirtschaft »Schwarzer Bären« erwähnt. Es lag seinerzeit am Kreuzungspunkt alter Poststraßen nach Ravensburg, Lindau, Wangen und dem heutigen Friedrichshafen (früher Buchhorn). Das Wappen der Besitzerfamilie Forster ist über dem Eingang angebracht.

Weitere Sehenswürdigkeiten

Südlich vor der Stadt liegt das 1364 genannte **Spital Sankt Johann Baptist.** Zwischen den beiden Wohngebäuden (18./19. Jh.) steht die 1659 erbaute **Kapelle.** Ihr Hochaltar wurde 1864 im Stil der Neurenaissance geschaffen.

Museen

Elektronikmuseum, Torschloss, Montfortstraße 41, Telefon (01 75) 7 36 83 70

Montfort-Museum, Montfortstraße 43, Telefon (0 75 42) 5 10-1 80

Neues Schloss, Montfortplatz 1, Telefon (0 75 42) 5 10-5 00

Tettnang-Siggenweiler, Hopfen-Museum Tettnang, Hopfengut 20, Telefon (0 75 42) 95 22 06

Imposantes Münster in Seenähe

Überlingen

Auskunft

Kur und Touristik Überlingen GmbH, Landungsplatz 5, 88662 Überlingen, Telefon (0 75 51) 9 47 15-22, Fax 9 47 15-35, www.ueberlingen.de, E-Mail: touristik@ueberlingen.de

Besichtigung

Das ab 1350 und 1586 erbaute, gotisch geprägte **Münster Sankt Nikolaus** ist eines der großartigsten Bauwerke im Bodenseegebiet. Innen sieht man u. a. große Sandsteinplastiken (13. Jh.), ein Chorgestühl (um 1430), einen meisterhaft geschnitzten Hochaltar (Jörg Zürn, Vater und Brüder u. a.) und zahlreiche Nebenaltäre, ein Sakramentshaus (1611), ein perspektivisches Chorgitter (1754) und eine Steinkanzel (1551). Südwestlich steht eine **Ölbergkapelle** von 1493, östlich ein großes **Gedächtniskreuz** für den ehemaligen Friedhof (1569).

Die **katholische Kirche zur Unbefleckten Empfängnis** (ab 14. Jh.)

Der Kaiserbrunnen auf der Hofstatt.

war eine Klosterkirche der Franziskaner. Mitte des 18. Jh. wurde sie von Johann Michael Beer barockisiert. An der prachtvollen Ausstattung arbeitete auch Joseph Anton Feuchtmayer mit. Die 1460 erbaute **Kapelle Sankt Jodokus** ist im Rokokostil mit Stuckaturen und Wandmalereien ausgeschmückt. Die **Franziskanerkirche** wurde im 14. Jh. erbaut, 1494 erweitert und um 1750 barockisiert. Sie besitzt zwei Figuren von Joseph Anton Feuchtmayer, der auch den Hochaltar entwarf.

Im Zentrum findet man ehemalige **Pfleghöfe** der verschiedenen Klöster, die hier Grundbesitz hatten: **Salmannsweiler Hof,** Franziskanerstraße 15-17 (1535), **Mainauer Hof,** Hofstatt 2, **Klosterhof von Wald,** Hafenstraße 6, **Petershausener Hof,** Hafenstraße 10. Im **Susohaus** wurde angeblich der Mystiker

Der Brunnen »Bodenseereiter« in Überlingen stammt von Peter Lenk.

Heinrich Suso/Seuse (1295–1366) geboren. Das **Zeughaus** an der Seepromenade (16. Jh.) diente bis ins 19. Jh. als Waffenarsenal.

Von elf Toren der früheren **Ummauerung** stehen noch der **Barfüßerturm,** das **Aufkircher Tor, Bad-, Büttel-** und **Wagsauterturm, Gallerturm** und **Sankt-Johann-Turm** (1522/23). Dieser wurde 1632 auf 37 m aufgestockt. Den **Rosenobelturm** baute man 1657 zu einem mächtigen Rundturm aus; er ist der nördliche Eckpfeiler der inneren Befestigungslinie der Stadt. Der mächtige **Gallerturm,** ein Rundturm, entstand 1502/03 und überragt den Stadtgarten. Das **Franziskanertor** ist eines der schönsten gotischen Stadttore im Bodenseeraum. Es wurde 1494/95 erbaut und begrenzt den ältesten Teil der Stadt.

Das repräsentative **Rathaus** am Münsterplatz wurde im 14./15. Jh. erbaut und besitzt einen berühmten Rathaussaal (Jakob Russ, 1490–1494) mit holzgeschnitztem Arkadenfries mit 41 Statuetten von Vertretern der Stände des Heiligen Römischen Reiches Deutscher Nation und eine reiche Ausstattung mit Kunstwerken. Daneben finden wir das **Stadtarchiv** (1598/1600), ein beeindruckendes Renaissancebauwerk.

Am Landungsplatz steht das mit einem Walmdach versehene städtische **Lager-, Handels- und Kornhaus (Greth),** das 1788 von F. A. Bagnato im Stil des Klassizismus umgebaut wurde. Das **Haus der Reichlin von Meldegg,** Krummebergstraße 30, dient heute als Museum. Es wurde von dem Arzt und Humanisten Andreas Reichlin von Meldegg, zeitweise kaiserlicher und päpstlicher Leibarzt, 1459 bis 1463 im Renaissancestil erbaut. 1692 bis 1700 wurde es barockisiert. Bei diesem Haus liegt ein historischer Terrassengarten. Krummebergstraße 17 ist das teilweise romanische **Rosenobelhaus.**

Sehenswert sind auch das **Gasthaus Zur Krone,** Münsterstraße 10, das **Gasthaus Zur Traube,** Wiestorstraße 5, und zahlreiche **Wohnbauten,** beispielsweise in der Krummebergstraße, der Luciengasse, der Aufkircher Straße und in der Hofstatt, die **Villa Speer,** Bahnhofstraße 19, der neugotische **Ostbahnhof** und **Schloss Burgberg.**

Weitere Sehenswürdigkeit

Die **Sylvesterkapelle** in Goldbach stammt aus dem 10./11. Jh. und gehört zu den ältesten Kapellen im Bodenseeraum. Sie besitzt Reste von Fresken im Stil der Reichenauer Malschule.

Museen

Goldbacher Stollen (ehemaliges KZ Aufkirch), Obere Bahnhofstraße, Telefon (0 75 51) 9 47 15 22

Städtisches Museum, Krummebergstraße 30, Telefon (0 75 51) 99-10 79

In dieser Stadt bleibt man »hangen«

Wangen im Allgäu

Auskunft

Gästeamt – Tourist Information, Bindstraße 10, 88239 Wangen im Allgäu, Telefon (0 75 22) 74-2 11, www.wangen.de, E-Mail: tourist@wangen.de

Besichtigung

Vom **Bahnhof** gehen wir zur evangelischen Kirche (1893) und zur Gegenbaurstraße. Hier steht das **Denkmal** des Malers Anton von Gegenbaur (1800–1876). Das 1472 erwähnte **Liebfrauentor** oder **Ravensburger Tor** ist mit Kupferhaube, Ecktürmchen, Wasserspeiern und auf der Innenseite mit Bildern und Reliefs geschmückt. 1607/08 bekam es seine Renaissanceform mit den runden Eckpfeilern, ebenfalls im 17. Jh. zwei achteckige Geschosse mit vier Ecktürmen.

Das **Ritterhaus** hinter dem Tor wurde ab etwa 1784 von Franz Anton Bagnato im Empirestil erbaut und diente als Kanzlei des Kantons Allgäu-Bodensee der Reichsritterschaft. Die sehenswerten Häuser in der **Herrenstraße** stammen meist aus der Zeit nach dem großen Stadtbrand (1539) und besitzen gotische Treppengiebel sowie prachtvolle Wirtshausschilder.

Die Fassade von Gebäude **Herrenstraße 23** zeigt die Geschichte Wangens. Wir kommen am **Haus Mohren-Post** und an einer Säule mit einem Adler vorbei. Der 1490 erwähnte **Adlerbrunnen** erhielt sein barockes Aussehen in der ersten Hälfte des 18. Jh. Die **Mariensäule** (1701 erwähnt) wurde 1911 und 1978 durch Kopien ersetzt; die aktuell sichtbare Kopie stammt vom Wangener Künstler Theo Tronsberg.

Das spätgotische **Haus Schwarzer Mohr,** Nr. 27, stammt aus dem 15. Jh. Ab dem 16. Jh. befand sich hier der Gasthof Schwarzer Mohr, 1885 bis 1906 die Poststation. Das **Haus beim Liebfrauenbrunnen,** Nr. 17, war bis 1632 das Haus der Familie Epplin, bis 1730 der Familie Kolb und bis 1826 der Familie Salis. Alle stellten Ratsherren und Bürgermeister. Nach dem Stadtbrand befand sich hier die Trinkstube der Herren.

Das **Renaissancehaus Herrenstraße 15** (1549) gehörte dem Patrizier und Fernhandelskaufmann Peter Waltmann, Mitglied der Großen Ravensburger Handelsgesellschaft. Ab 1693 besaß die Papiermacherfamilie Loth aus Zell am Harmersbach im Schwarzwald das Haus. Sie betrieb die Lottenmühle in Niederwangen. 1810 bis 1838 befand sich das königlich-württembergische Amtsgericht in dem Gebäude, ab 1840 war es im Besitz der Färberfamilie Sigerist. **Herrenstraße 5** (1505) war das Geburtshaus des Ottobeurener Abtes Gordian Scherrich (1632–1710). Seit dem 17. Jh. beherbergt es die Stadtapotheke.

Das **Haus Zum Vatikan,** Marktplatz, hat seinen Namen nach den Geistlichen, die sich hier regelmäßig zum Stammtisch trafen. Das **Hinderofenhaus,** ein viergeschossiger Renaissancepalast, wurde 1542 von dem Kaufmann Onofrius Hinderofen, Mitglied der Großen Ravensburger Handelsgesellschaft, erbaut. Das Gebäude besitzt einen kleinen, atriumartigen Innenhof. 1640 bis 1654 wurde es zum Kapuzinerkonvent umgebaut und diente auch als städtisches Kanzleigebäude.

Wangen besitzt eine der schönsten Altstadtstraßen Süddeutschlands.

Der 1485 erwähnte **Sankt-Martins-Brunnen** besitzt ein achteckiges, reliefgeschmücktes Muschelkalkbecken mit einer Steinsäule mit Gans. Der Turm der spätgotischen, flachgedeckten **Martinskirche** (13. Jh.) geht auf die Stauferzeit zurück. In der Romanik mauerte man ihn bis zur Glockenstube aus Findlingssteinen. Im Chor befindet sich ein Netzgewölbe. Der Triumphbogen stammt von 1386. Sehenswert sind die Ausmalungen (19. Jh.), der neugotische Hochaltar (1889), die Altäre, die prächtige Kanzel (1777), die Altargemälde, der Deckel des barocken Weihwasserbeckens mit einer Taufgruppe (um 1751) sowie die Grabsteine, insbesondere der Renaissance-Bildnisstein für Hans Rudolf Vogt von Summerau zu Praßberg († 1511).

Wir gehen durch die Paradiesstraße mit ihren alten Häusern zum Martinstor, vorbei an der **Bäckerei** und **Schankwirtschaft Zum Fidelisbäck. Haus Paradiesstraße Nr. 7** ist mit einem barocken Fresko geschmückt, das Jonas und den Walfisch zeigt. Das **Sankt-Martins-Tor** oder **Lindauer Tor** wurde 1347 als Sweglarstor erstmals genannt. Sein heutiges Aussehen stammt von Baumaßnahmen 1608, als der spätgotische Unterbau einen zweigeschossigen Renaissanceaufbau erhielt. Im Tordurchgang befinden sich Reste der gotischen Bemalung. Außerdem sieht man geschmiedete Wasserspeier. Zwischen der Martinskirche und dem gelb gestrichenen, klassizistischen **Pfarrhaus** steigen wir die gedeckte Stiege hinab zum Saumarkt. Hier stehen der **Antoniusbrunnen** und das **Haus des Klosenwebers,** des letzten selbstständigen Leinenwebers in Wangen.

Über die Brücke kommen wir zum **Haus des Pflaster- und Brückengeldeinziehers** (1848). Das **Rathaus** am Marktplatz wurde 1721 nach Plänen des Bregenzers Franz Anton Kuen auf dem mittelalterlichen Vorgängerbau errichtet. Es ist ein reizvoller, reich geschmückter Barockbau mit Stuckaturen, Kunstschmiedearbeiten, Säulen, Pilastern, Gebälk, Balkon, Wappenkartusche, Volutengiebel und Sandsteinfiguren, Eisengitter und einem Ratssaal mit schönem Portal. Der **Pfaffenturm** stammt aus dem 14. Jh., sein Obergeschoss aus dem 16. Jh.

Links von Rathaus und Pfaffenturm sehen wir einen **Brunnen** zum Thema »Die verdruckten Allgäuer«. Wir gehen nun durch den **Pfaffenturm** zum Postplatz. Er zeigt wie der Marktplatz ein herrliches Stück alte Reichsstadtidylle. An der Ecke steht das Kornhaus, vor dem wir die Figur des **»Wahrheitssuchers«** sehen. Das **Kornhaus** wurde 1600 bis 1602 errichtet und nach dem Dreißigjährigen Krieg umgebaut. Bis ins 19. Jh. diente es als Kornhaus.

Nun gehen wir zurück bis vor den Pfaffenturm und halten uns rechts in die Spitalstraße, die uns zum Heilig-Geist-Spital bringt. **Gebäude Spitalstraße 15** war im Besitz der Stadt, es diente als städtische Kanzlei und Amtssitz des Stadtschreibers. Ab Ende des 17. Jh. befand sich hier die städtische Mädchenschule, Ende des 18. Jh. gelangte das Haus in private Hände. **Spitalstraße 31** war das Geburtshaus des Barockmalers Franz Josef Spiegler (1691–1756).

Danach liegt rechts das im 13. Jh. erwähnte **Heilig-Geist-Spital.** Der 1440 bis 1446 errichtete dreiflügelige Bau dient heute als Altersheim. Die beiden Seitenflügel wurden 1600 bis 1614 errichtet, 1791 wurde die Anlage umgebaut. Dahinter steht die **Spitalkirche**

Zum Heiligen Geist. Sie wurde erstmals 1446 als Liebfrauenkirche errichtet, der heutige Bau stammt von 1719 bis 1723. Die Kirche besitzt eine sehenswerte Innenausstattung, z.B. am Hochaltar eine fast lebensgroße Muttergottesstatue, die vielleicht 1622 von Hans Zürn d.J. geschaffen wurde. Die Ausstattung stammt vorwiegend aus dem 18. Jh. Der Kerker-Christi-Altar (1745–1748) an der Südwand des Schiffs stammt eventuell von Johann Ruez und besitzt einen geschnitzten Christus (Mitte 16. Jh.). Das Gnadenbild (1543) stand einst in der Stadtpfarrkirche und galt im 18. Jh. als wundertätig, so dass es Ziel einer Wallfahrt wurde.

In dem mit Scheinarchitektur verzierten **Haus Nr. 5,** Eselberg, wurde der spätere Abt Rupert Neß (1670–1740), Schöpfer der grandiosen barocken Klosteranlage in Ottobeuren, geboren. Der **Eselbrunnen** ist nach der bekannten Fabel von Aesop gestaltet, nach der man es nie allen zugleich recht machen kann. Der Name von **Haus Stiefel / Siebentürleswirtschaft** (1618), Nr. 6, stammt von einer Schuhmacherfamilie, die auch eine Wirtschaft betrieb. Die Bezeichnung Siebentürleswirtschaft kommt von den sieben Türen der Gastwirtschaft. Die 1476 erwähnte **Eselmühle,** heute Museum, wurde 1554 vom Spital erworben und 1568 neu erbaut. Außen sieht man ein oberschlächtiges Wasserrad, innen Teile der Originaleinrichtung.

Solche mächtigen Türme sicherten früher den Zugang zur Stadt.

Die **Stadtmauer** mit der Toröffnung bildete die Grenze zwischen Ober- und Unterstadt. Östlich der Eselmühle – wir gehen an der Stadtmauer mit dem Wehrgang entlang – finden wir die **Figur des Taugenichts** nach Eichendorff, dahinter das **Haus mit den Archiven der Dichter Joseph Freiherr von Eichendorff und Gustav Freytag.** Wenn wir am Haus mit den Archiven vorbei zum Pulverturm und noch weiter gehen, kommen wir durch die einstige Stadtmauer hindurch und zur Oberen Argen. Hier ist die Stadtmauer aus dem 15. Jh. gut erhalten. Rechts sehen wir den **Badstubenbrunnen**.

Der **Pulver-** oder **Wasserturm** wurde um 1400 errichtet und 1596 umgebaut. Er besitzt einen viereckigen Unterbau mit versteckten Schießscharten, auf dem zwei achteckige Obergeschosse sitzen. Gekrönt ist das Ganze mit einer achtseitigen Zwiebelhaube. Wir gehen zurück durch den Turm und halten uns links in die Lange Gasse, in der wir zur **Badstube** (1589) spazieren. Das Haus soll bereits zu Beginn des 15. Jh. als Bad gedient haben.

Nun gehen wir nach links die Schmiedstraße entlang. Hier standen einst die Häuser der Sensen-, Hammer-, Feilen-, Nagel- und Hufschmiede. Sie verkauften ihre Erzeugnisse – vor allem Sensen – bis in die Lombardei, nach Frankreich, nach Lothringen und in die Schweiz. Hier sieht man auch einen gusseisernen **Brunnen.** Das **Dreikönigshaus** war seit Anfang des 18. Jh. als Gasthaus »Zum roten Kreuz« bekannt, seit 1774 als »Zum Dreikönig«.

Das **Goldschmiedhaus** war im 17. und 18. Jh. Eigentum von Goldschmieden. Das **Haus** rechts befand sich ab dem 16. Jh. im Besitz von Schlossern und diente 1666 bis 1673 als Druckerei. Das **Haus Zum Schwert** war als Gastwirtschaft ab dem 17. Jh. bekannt. Gegenüber der ehemaligen Trinklaube steht das **Haus Zum Schaf;** hier betrieb die Ratsfamilie Witzigmann einst eine Gastwirtschaft. Auf der rechten Seite steht das **Geburtshaus** des Kapuzinermönchs Maximilian Egg (1687–1748), der in seinem Orden und in Rom höchste Ämter bekleidete.

In der Schmiedstraße/Ecke Herrenstraße war das **Zunfthaus** der Schmiede mit Trinkstube. Das heutige Gebäude wurde nach dem Brand von 1539 erbaut. Hier trafen sich bis 1600 die nicht zunftpflichtigen »Herren« und die Rats- und Gerichtsmitglieder zur Geselligkeit. Im 17. und 18. Jh. befand sich in dem Haus die städtische Kanzlei, danach waren hier bis 1787 der Amtssitz und die Wohnung des Amtssyndikus untergebracht.

Museen

Deutsches Eichendorff-Museum, Lange Gasse 1, Telefon (0 75 22) 38 40 und 37 04

Gustav-Freytag-Museum, Lange Gasse 1, Telefon (0 75 22) 38 40 und 37 04

Museum und Städtische Galerie in der Badstube, Lange Gasse 9, Telefon (0 75 22) 74-2 11

Städtische Museen in der Eselmühle, Eselberg 1, Telefon (0 75 22) 91 26 82 und 74-2 11

Stadt des »lieben Augustin«

Wasserburg am Bodensee

Auskunft

Tourist-Information, Lindenplatz 1, 88142 Wasserburg am Bodensee, Telefon (0 83 82) 88 74 74, Fax 8 90 42, www.wasserburg-bodensee.de, E-Mail: tourist-info@wasserburg-bodensee.de

Besichtigung

Die **katholische Pfarrkirche Sankt Georg** geht wohl auf eine Kirchenburg des 8./10. Jh. zurück. Baubeginn einer kleinen, hölzernen Basilika war vermutlich sogar schon 784. Das heutige Gebäude wurde nach dem Dreißigjährigen Krieg wiederhergestellt, später barockisiert und nach einem Brand nach 1815 teilweise neu ausgestattet. Der 1403 vollendete Turm wurde 1655 durch Blitzschlag zerstört und im Stil des Augsburgers Elias Holl wiederaufgebaut; heute trägt er eine barocke Zwiebelhaube.

An den Säulen wurden Gedenkinschriften für die Seegfrörnen 1573, 1830 und 1963, während denen der Bodensee vollständig zugefroren war, angebracht. Bei der letzten Gfrörne konnten Flugzeuge auf dem See starten und landen und Autos auf dem Eis fahren. Besonders sehenswert sind das Epitaph für Pfarrer Baumgartner († 1606) von Esaias Gruber und die Pietà von 1705. Im Friedhof sieht man alte Grabsteine, darunter einen für Peter von Lindpaintner (1791–1856), einst königlich württembergischer Hofkapellmeister. Das **Pfarrhaus** ist mit der Kirche durch einen Gang verbunden. Es wurde um 1400 erbaut und 1880 mit einem Zinnengiebel versehen.

Vor dem Schloss sind spärliche Reste der erstmals 784 genannten **»Wazzarburuc«** zu sehen. In dieser Inselfestung suchten bereits im 10. Jh. die Sankt Gallener Mönche

Blick aufs Wasserburger Schloss.

Die katholische Pfarrkirche Sankt Georg in Wasserburg.

Schutz vor den plündernden Ungarn. 1358 wurde diese Wasserburg vom Städtebund am See niedergebrannt, weil die Schellenberger als Besitzer einen Rechtsbruch begangen hatten. Die Grafen von Montfort und die Fugger ließen die Anlage dann als repräsentatives **Schloss** wiederaufbauen. 1720 hat man den Wassergraben zugeschüttet, woran die **Fuggersäule** erinnert. Man wollte die Kosten für die Reparatur der Zugbrücke sparen. Kurz bevor die Herrschaft an die Österreicher übergeben werden sollte, brannte 1750 ein Flügel des Schlosses nieder.

Das **Malhaus** (von malus = schlecht) wurde 1595/97 von den Fuggern als Gerichtshaus erbaut. Hier fanden 1656 bis 1664 die berüchtigten Wasserburger Hexenprozesse statt. Die Zellen in dem heute als Museum dienenden Haus sind heute noch zu sehen. Das Grabmal des berüchtigten Hexenjägers Bartholomäus Heuchlinger steht immer noch auf dem Friedhof. Das **Augustin-Denkmal** von Toni Schneider-Manzell steht am See auf der »Augustin-Wiese« (in Richtung Freibad) und wurde zum Andenken an den Ehrenbürger Horst-Wolfram Geißler errichtet. Der auf der Halbinsel begrabene Schriftsteller schrieb den Roman »Der liebe Augustin«.

Weitere Sehenswürdigkeit

Die **Wasserburger Bucht** besitzt eine Uferzone in einem weitgehend natürlichen Zustand. Eine Fläche von 5,6 ha steht seit 1985 unter Naturschutz. In den durch einen Weg vom Schilfgürtel abgetrennten Feuchtlebensräumen findet man den Rest eines Niedermoors, in dem die Sibirische Schwertlilie (Iris sibirica) wächst. Es handelt sich um Streuwiesen, die alljährlich im Herbst gemäht und so vor der Verbuschung bewahrt bleiben.

Museum

Museum im Malhaus, Halbinselstraße 77, Telefon (0 83 82) 8 95 16

Größte Barockbasilika in Deutschland

Weingarten

Auskunft

Amt für Kultur und Tourismus, Münsterplatz 1, 88250 Weingarten, Telefon (07 51) 4 05-2 32, Fax 4 05-2 68, www.weingarten-online.de, E-Mail: akt@weingarten-online.de

Besichtigung

Die **Barockbasilika Sankt Martin von Tours und Sankt Oswald** wurde 1715 bis 1724 an Stelle des romanischen Münsters erbaut. Sie ist die größte Barockbasilika in Deutschland – 102 m lang und 43 m

Die Basilika in Weingarten ist nahezu halb so groß wie der Petersdom in Rom.

Blick über die Dächer der Altstadt zur Basilika.

breit, die Kuppel ist 66 m hoch – und etwa halb so groß wie der Petersdom. Baumeister und Künstler, die in ihr arbeiteten, waren vor allem Johann Jakob Herkomer, Andreas Schreck, Franz Beer und Donato Giuseppe Frisoni. Die Fresken stammen vom bayerischen Hofmaler Cosmas Damian Asam, der zarte Wessobrunner Stuck ist von Franz Schmuzer. Die Rokokokanzel wurde von Fidel Sporer 1762 geschaffen, das Chorgestühl von Josef Anton Feuchtmayer.

Sehenswert sind auch das goldene Chorgitter und die mächtige Orgel, die 1737 bis 1750 von Josef Gabler aus Ochsenhausen gebaut wurde. Sie besitzt 77 Register und gut 7000 Pfeifen, die größte ist

9,62 m lang. Wenn sie spielt, hört man Pauken und Glocken und sogar einen Kuckucksruf. Etwas Besonderes ist aber die geheimnisvolle Vox humana, die menschliche Stimme. In der Gruft ruhen neun Mitglieder des Welfenhauses, darunter die Klostergründer Welf IV. und seine Gemahlin Judith. Bekannt ist der Blutfreitag, der Freitag nach Christi Himmelfahrt, an dem der Blutritt stattfindet.

Das mächtige Gebäude am Fuß der Basilikatreppe, die spätere **Wirtschaft Zum Hirschen,** war bis 1806 Sitz der vorderösterreichischen Landvogtei Schwaben. Der **Martinusbrunnen** am Treppenaufgang zur Basilika stammt von der Künstlerin Maria Stapp. Das **Renaissance-Schlössle** wurde um 1550 vom Verwalter der vorderösterreichischen Landvogtei erbaut. Im 18. Jh. war es der Wohnsitz der kaiserlichen Landrichter. Um 1730 ist es im Rokokostil umgebaut worden und erhielt Stuckdecken von Franz Schmuzer.

Sehenswert sind weiter das **Rathaus** (1765) und gegenüber das auf etwa 1530 zurückgehende **Amtshaus,** das im 17. Jh. von den Abgeordneten der Landvogtei genutzt wurde. Maria Eberhard schuf das Fresko zur Welfensage. In der Fußgängerzone steht das 1621 erbaute **Kornhaus.**

Museen

Alamannenmuseum, Karlstraße 28, Telefon (07 51) 4 93 43 und 4 05-1 25

Fasnets-Museum am Vorderochsen, Am Vorderochsen 3, Telefon (07 51) 5 26 11 oder 5 89 06

Museum für Klosterkultur, Heinrich-Schatz-Straße 20, Telefon (07 51) 4 93 39 und 4 05-2 55

Stadtmuseum im Schlössle, Scherzachstraße 1, Telefon (07 51) 5 68 19 00

Vom Bauernhof- zum Automuseum

Wolfegg

Auskunft

Wolfegg Information, Rötenbacher Straße 13, 88364 Wolfegg, Telefon (0 75 27) 96 01-51, Fax 96 01-7 08, www.wolfegg.de, E-Mail: wolfegg.info@wolfegg.de

Besichtigung

Das **Schloss,** eine Vierflügelanlage mit Eckpavillons, geht auf Truchsess Jakob und seine Gemahlin Johanna zurück. Hier war im 12. Jh. der Sitz der Wolfegger, danach der Herren von Tanne, die sich ab 1219 von Waldburg nannten. Nach einem Brand 1578 wurde es bis 1580 neu erbaut. 1646 brannten es die Schweden erneut nieder. Die Treppen im Schloss sind als Reittreppen flach gestaltet. Die im 18. Jh. erbaute **Orangerie** gehörte zu einem 1628 bezeugten Lustgarten. Vor ihr stehen zwei mächtige Linden.

Blick durch die Schlossanlage zur Wolfegger Schlosskirche.

Die **Schloss-, Stifts-** und heutige **Pfarrkirche** wurde ab 1733 von Johann Georg Fischer errichtet. Sie besitzt eine riesige ovale Kuppel mit einem Deckenfresko und Stuck aus dem frühen Rokoko von Johann Schütz (1735). Die Fresken stammen von Franz Joseph Spiegler. Im Hochaltar sieht man das Bild des flämischen Rubensschülers Caspar de Crayer. Etwas Besonderes ist auch die Orgel des Gablerschülers Jacob Hör. Sehenswert sind die Epitaphien derer von Waldburg-Wolfegg, die Kanzel mit den Posaunenengeln, die Grisaillemalereien über den Bogenfenstern, die Fürstenloge, das intarsierte Chorgestühl, der barocke Kreuzweg mit der ungewöhnlichen 15. Station und die Wolfegger Blumenschmecker auf dem rechten Seitenaltarbild.

Im Bauernhaus-Museum kann man immer wieder Interessantes entdecken.

Weitere Sehenswürdigkeiten

Die **Loretokapelle** (1668) liegt außerhalb des Ortes auf einem Drumlin mit großartiger Fernsicht zu den Alpen. Ihre Kreuzwegstationen stammen von 1881. Das Gnadenbild ist eine in Loreto geweihte schwarze Madonna von 1707.

Im **Bauernhaus-Museum** sieht man 15 authentisch eingerichtete Bauernhäuser aus dem südlichen Oberschwaben und dem Westallgäu. Man beginnt die Besichtigung an einer ehemaligen Zehntscheuer (1430), danach kommt man an einem Allgäuer Flachdachhaus (1740), am Wohnhaus einer oberschwäbischen Hofanlage (1734) und an einem Wohnspeicher (1690) vorbei. Weiter sieht man einen typischen oberschwäbischen Eindachhof (1780), ein Backhaus (1730), einen Kornspeicher (1760) und andere Wirtschaftsgebäude. Das mächtige Fischerhaus (1788) stand schon immer hier und diente dem Hoffischer der Fürsten zu Waldburg-Wolfegg als Wohn- und Wirtschaftsgebäude. Abschließend kommt man an einer Hofanlage mit einem Rheintalhaus (1705), einer hölzernen Stallscheuer (1724) und einer Dorfkäserei (1784) vorbei.

Museen

Automuseum Fritz B. Busch, Fritz-B.-Busch-Weg 1, Telefon (0 75 27) 62 94

Bauernhaus-Museum, Weingartener Straße 11, Telefon (0 75 27) 9 55 00

Nützliche Adressen

Tourismus

Tourismus-Marketing GmbH Baden-Württemberg, Esslinger Straße 8, 70182 Stuttgart, Telefon (07 11) 2 38 58-0, Fax 2 38 58-99, www.tourismus-bw.de, E-Mail: info@tourismus-bw.de

Info- und Prospektbestellung, Telefon (0 18 05) 55 66 90 (gebührenpflichtig), Fax (0 18 05) 55 66 91, E-Mail: prospektservice@tourismus-bw.de

Oberschwaben-Tourismus GmbH, Neues Kloster 1, 88427 Bad Schussenried, Telefon (0 75 83) 33 10 60, Fax 33 10 20, www.oberschwaben-tourismus.de,

Altstadtgasse in Engen.

E-Mail: info@oberschwaben-tourismus.de

Internationale Bodensee Tourismus GmbH, Hafenstraße 6, 78462 Konstanz, Telefon (0 75 31) 90 94 90, www.bodensee.eu, E-Mail: info@bodensee.eu

Thurgau Tourismus, Egelmoosstrasse 1, CH-8580 Amriswil, Telefon 0041 (0)71 4 14 11 44, Fax 4 14 11 45, www.thurgau-tourismus.ch, E-Mail: info@thurgau-tourismus.ch

Konstanzer Brunnen.

Schaffhauserland Tourismus, Herrenacker 15, CH-8201 Schaffhausen, Telefon 00 41 (0) 52 6 32 40 20, Fax 6 32 40 30, www.schaffhauserland.ch, E-Mail: info@schaffhauserland.ch

Internet

Die Städte sind in der Regel unter www.stadtname.de (bzw. www.stadtname.at oder www.stadtname.ch) zu finden.

Öffentliche Verkehrsmittel

Deutsche Bahn, (08 00) 1 50 70 90 (Bandansage), www.bahn.de

Bodo Bodensee-Oberschwaben Verkehrsverbundgesellschaft mbH, Telefon (07 51) 27 66, www.bodo.de

DING Donau-Iller-Nahverkehrsverbund, Telefon (07 31) 9 62 52-0, www.ding-ulm.de

naldo Verkehrsverbund Neckar-Alb-Donau GmbH, Telefon (0 74 71) 93 01 96-96, www.naldo.de

VHB Verkehrsunternehmen Hegau-Bodensee Verbund GmbH, Telefon (0 77 32) 8 23 99-0, www.vhb-info.de

Elektronische Fahrplanauskunft, www.efa-bw.de

Unterwegs mit Bussen und Bahnen in Baden-Württemberg, www.3-loewen-takt.de

Pfiffige Wegbegleiter von Dieter Buck

In Ihrer Buchhandlung

Mit interessanten Rad- und Wandertouren, detailgenauen Karten und vielen Farbfotos

Malerische Städteziele im Ländle

Malerische Städteziele Nordschwarzwald – Nordbaden

Malerische Städteziele Südschwarzwald – Südbaden

Malerische Städteziele Bodensee, Oberschwaben, Allgäu

Park- und Gartenziele im Ländle

Höhlen- und Bergwerksziele im Ländle

Sagenziele im Ländle

Quellenziele im Ländle

Burgenziele im Ländle

Aussichtsziele im Ländle

Wasserziele im Ländle

Wanderziel Östliche Alb

Wanderziel Westliche Alb

Zwischen Alb und Schwarzwald. Wander- und Spazierziele

Spazier-Ziele am Bodensee

Spazier-Ziele in der Region Stuttgart

Spazier-Ziele rund um Karlsruhe

Spazier-Ziele auf der östlichen Alb

Spazier-Ziele auf der westlichen Alb

Zu jeder Jahreszeit – Wandern und Radeln im Ländle

Im Naturpark Schönbuch

Ausflugsziel Naturpark Neckartal-Odenwald

Ausflugsziel Bodensee

Ausflugsziel Oberschwaben und Westallgäu

Ausflugsziel Region Karlsruhe: Der Norden

Ausflugsziel Region Karlsruhe: Der Süden

Ausflugsziel Nordschwarzwald

Ausflugsziel Mittlerer Schwarzwald

Ausflugsziel Südschwarzwald

Ausflugsziel Hohenlohe

Ausflugsziel Unterland

Ausflugsziel Gäu

Ausflugsziel Schwäbisch-Fränkischer Wald

Ausflugsziel Stromberg-Heuchelberg

Ausflugsziel Remstal

Stuttgarter Wanderbuch

Wandern in der Region Stuttgart

VVS-Wanderziele in der Region Stuttgart

Radeln in der Region Stuttgart

Rund um Stuttgart. Erholsame Radtouren für Genießer

Zusammen mit Harald Schukraft:
Stuttgarter Grenz-Wanderungen

ca. 120–168 Seiten mit rund 100 Abbildungen

Silberburg-Verlag

www.silberburg.de